Tout le monde est de gauche !

Lamia El Aaraje

Tout le monde est de gauche !

Les 10 préjugés qui vous empêchent de l'assumer

Éditions de L'Observatoire

ISBN : 979-10-329-3589-7
Dépôt légal : 2025, mai

170 *bis*, boulevard du Montparnasse, 75014 Paris

Avant-propos

Suis-je de droite ou suis-je de gauche ? Devant le poste de télévision, la petite Franco-Marocaine que je suis se gratte la tête. Qu'est-ce que ça peut bien vouloir dire ? Et comment sait-on si on penche d'un côté plutôt que de l'autre ? Ma grand-mère, chez qui je passe l'été, une Bretonne blonde aux yeux gris installée à Rabat par amour pour un prisonnier marocain (mon grand-père) capturé en France et évadé de chez les Allemands pendant la Seconde Guerre mondiale, cultive une passion égale pour Jacques Chirac et Lionel Jospin. Ça ne m'aide pas beaucoup.

Répondre à cette question va me prendre des années. Il me faudra attendre la fac de médecine de Limoges, la solitude de mes neuf mètres carrés à la cité universitaire, mes 480 euros de bourse mensuelle et un job, au départ alimentaire, dans une mutuelle pour étudiants. Cet engagement dans le mutualisme, notamment la découverte de la prévalence de l'obésité et des problèmes dentaires sept fois plus élevée chez les enfants d'ouvriers que chez ceux des cadres, sera déterminant. Tout comme, à la fin de mes études de pharmacie, le sentiment puissant qui s'emparera de moi, fraîchement diplômée, d'être une enfant de la République française, binationale et choyée par un système d'aide à l'éducation supérieure.

Suis-je de droite ou suis-je de gauche ? Peut-être que vous, qui commencez votre lecture, vous posez la question. Peut-être avez-vous toujours voté pour le Parti socialiste (PS), à moins que vous ne soyez un électeur votant au gré des personnalités ou des programmes. Vous avez peut-être glissé un bulletin Rassemblement national (RN) aux dernières législatives. Quoi qu'il en soit : il y a de fortes chances pour que vous soyez de gauche.

Faisons le test ensemble. Voulez-vous les enseignants les plus compétents pour éduquer vos enfants ? Être pris en charge rapidement par des médecins bien formés, si par malheur vous vous trouvez malade ou blessé ? Avez-vous envie de choisir librement votre carrière, d'être payé suffisamment pour vivre de votre travail et partir en vacances ? Souhaitez-vous mener votre grossesse sereinement et accueillir votre bébé sans vous inquiéter de pouvoir acheter le lait et les fournitures ? Si vous avez répondu un maximum de « oui », alors, quelle que soit la couleur des bulletins que vous avez glissés dans les urnes, vous êtes de gauche. Vous aimez profondément Marine Le Pen ou Jordan Bardella ? Nicolas Sarkozy ou François Ruffin ? C'est d'accord. Vous passez, comme ma grand-mère, de Chirac à Jospin ? Parfait. De toute façon, vous avez le droit d'aimer qui vous voulez. Ça aussi, c'est de gauche.

En janvier 2022, j'ai débattu avec le député RN du Nord Sébastien Chenu, sur une chaîne d'information en continu. Je vais vous faire une confidence : j'ai beau être en complet désaccord avec les idées de son parti, j'ai bien aimé ce monsieur. Nous étions là pour débattre de la violence que subissaient les élus. Plus nous parlions, plus je prenais conscience que nous disions des choses similaires. Une socialiste d'accord avec un Rassemblement-nationaliste… Je ne vous cache pas que je suis sortie du plateau un peu déconcertée. Avec toute ma spontanéité, je lui ai lancé : « Mais qu'est-ce que tu fous au

RN ? » En attendant nos taxis respectifs sur le trottoir, Sébastien Chenu m'a expliqué qu'il était issu de la droite gaulliste républicaine, mais qu'il s'était engagé au RN parce que la droite ne s'occupe plus suffisamment des classes populaires (s'en est-elle déjà vraiment préoccupée ?). « Ce qui compte pour moi, c'est le social, comment on parle aux gens, comment on se préoccupe d'eux, m'a-t-il dit. Et aujourd'hui, la seule à le faire, c'est Marine Le Pen. » Je me suis étranglée. Lui aussi, il était de gauche ! Le PS a raté quelque chose d'essentiel pour que celles et ceux qui défendent les plus fragiles partent finalement à l'extrême droite. Sans doute une distance et une déconnexion d'un certain nombre de décideurs politiques de la réalité quotidienne des gens, une utilisation à outrance de mots compliqués pour dire des choses simples, les événements liés aux pertes d'emplois, aux fermetures d'usines, à la paupérisation d'une grande partie de la population ont contribué à cela.

Le résultat est là, une grande partie de la population pense sincèrement que l'extrême droite est une solution, une alternative et un espoir. Des personnalités politiques revendiquant une forte fibre sociale, pensant nécessaire de réparer les injustices sociales, font le choix du Rassemblement national. Et pourtant, l'extrême droite reste l'extrême droite et le RN un parti sans crédibilité programmatique, profondément antisémite, xénophobe et populiste.

Voilà la situation dans laquelle nous nous retrouvons aujourd'hui. Voilà ce contre quoi ma génération doit lutter. Nous ne pouvons laisser ces idées accéder au pouvoir. Au-delà de la critique, la gauche doit repenser son logiciel politique et renouer avec l'espoir, le progrès et la justice sociale qu'elle a toujours incarnés et construits pour les gens.

Je vous raconte cette histoire car je tiens à sortir les gens des cases dans lesquelles la politique et les médias aiment les enfermer. Fondamentalement, j'aimerais contribuer à construire une société plus douce, où chacun et chacune trouvera sa place. Je m'efforce donc de ne pas stigmatiser telle ou telle personne au prétexte qu'elle ne vote pas comme moi. Au contraire, je crois que nous devons nous écouter. Nous pouvons nous mettre d'accord sur certaines choses : notre désir de bien éduquer nos enfants, de leur donner toutes les chances de réussite, notre droit à être soigné, à être bien traité au travail, à être encouragé dans nos aspirations et soutenu lors des coups durs de la vie. Ceux qui ne pensent pas ainsi n'assument pas leurs vulnérabilités. Un problème de santé, un handicap, un accident, une perte d'emploi, ça arrive à tout le monde. Ne me dites pas que vous vous sentez exonéré à jamais de ces situations de fragilité où vous pourriez avoir besoin de l'aide des autres, je ne vous croirai pas.

Maintenant que tout le monde est conscient que nous partageons beaucoup de valeurs et de rêves communs, comment expliquer alors que nous ne votions pas tous à gauche ? Comment se fait-il que le parti qui, historiquement, défend l'inclusion, l'égalité des chances et la protection sociale (je parle du Parti socialiste) ne soit pas majoritaire ? C'est, selon moi, parce que la gauche demeure floue aujourd'hui dans ses ambitions, refuse d'affronter ses faiblesses et lacunes. Ces dernières années, elle n'a pas réussi à prendre le tournant de la radicalité sociale-écologique, elle a perdu le combat idéologique contre les populismes. Les temps doivent changer. J'appartiens à une génération qui a le devoir d'être claire, sans mots alambiqués, sans préciosités de langage, directe, radicale et courageuse.

Malgré nos désirs communs, nombreux sont les électeurs qui doutent des compétences du PS à les représenter correctement. En une décennie, nous sommes passés de près de 200 000 adhérents peu avant la présidentielle de 2012 à seulement 41 000 en 2023. En 2012, le candidat de gauche François Hollande l'a emporté avec 52 % des voix ; dix ans plus tard, Anne Hidalgo obtenait 1,74 % des suffrages. Comment expliquer une telle dégringolade ? Les désillusions qu'a suscitées la gauche sont-elles justifiées ?

Il me semble nécessaire au vu de la crise politique et institutionnelle que nous traversons de faire le point sur les *a priori* et les vérités qui entourent le Parti socialiste. Trop d'idées fausses ou peu nuancées circulent. Ce livre a donc pour ambition à la fois de comprendre pourquoi on ne vote plus socialiste quand on partage un certain nombre de valeurs avec ce parti et de rétablir des vérités sur l'état de la gauche : ce qu'elle peut vraiment offrir, l'espoir qu'elle peut encore susciter, ses failles aussi, et les défis qui sont devant elle – devant nous, en somme.

Il ne s'agit pas pour autant d'un ouvrage théorique, encore moins d'un livre d'histoire. En réunion, il y a toujours quelqu'un pour rappeler l'époque bénie des Rocard, des Mitterrand, des [*inscrivez ici votre figure socialiste préférée*], ce à quoi je réponds inconditionnellement que je n'étais pas née en 1981... Je respecte ces grandes figures qui nous ont précédés, mais j'aimerais parler du présent et de l'avenir. La situation l'exige. Ma génération refuse que notre futur soit cantonné au passé : nous devons assumer l'héritage, dans son entièreté, et avoir la créativité nécessaire pour construire des solutions.

1

La gauche a-t-elle abandonné les classes populaires ?

Intérieur jour. C'est le matin, à Paris. L'homme politique de gauche se prépare. Devant son dressing, il enfile une chemise de cette petite boutique qu'il aime tant, coton bio et fabrication vertueuse, il ne transige jamais là-dessus. Dans le miroir, il admire le chemin parcouru depuis son petit village de naissance et sa confiance en lui. Au salon, ses enfants, Gabin et Mélusine, jouent encore un peu avant de partir pour l'école. Il traverse son grand appartement pour les rejoindre. « Papa vous embrasse, il doit filer à l'Assemblée. » En effet, un sujet de la plus haute importance l'y attend. Est-ce qu'il s'agit de la loi PLM pour modifier les scrutins municipaux des grandes villes ? Il enfourche son vélo électrique Decathlon (on ne peut pas être vertueux partout) flambant neuf et s'éloigne vers son destin. Quel homme.

Au-delà de la blague, j'ai le sentiment que les élus de gauche sont perçus par les gens uniquement comme des urbains, méprisant campagnes et citoyens modestes, aux idées écolo-sociétalo-féministo-bien-pensanto-gauchistes arrêtées. Comment donc imaginer que ces politiques déconnectés puissent défendre vos intérêts ? Honnêtement, je ne peux pas blâmer ceux qui nous perçoivent de la sorte. Ces dernières années, en allumant ma télévision, j'ai vu une députée assurer que le voile islamique est un embellissement et une liberté ou encore que le barbecue est un symbole de virilité. J'ai vu des députés de gauche faire les clowns dans l'Hémicycle alors que les débats portaient sur l'âge de départ à la retraite, repoussé à 64, voire 67 ans... J'ai même vu un Premier ministre faire du tripatouillage électoral en essayant de faire de la loi Paris, Lyon, Marseille (PLM) une priorité nationale alors que l'Europe est au bord de la guerre, que l'internationale réactionnaire gagne du terrain partout, que l'extrême droite est aux portes du pouvoir en France... J'ai eu honte.

En 2021, j'ai appelé ma sœur pour prendre de ses nouvelles. Elle vit en grande banlieue de Bordeaux, elle est maman solo et gagne 1 600 euros par mois. Elle ne se plaint pas, mais ce n'est pas facile tous les jours. Je lui demande comment elle va. Pas terrible, me dit-elle, l'essence est devenue si chère qu'elle a demandé à son employeur (elle est gestionnaire pour une compagnie d'assurances) de passer en télétravail à temps plein : « Avec la hausse des prix, l'essence me revient à 120 euros par semaine, c'est impossible pour moi : soit je peux travailler de chez moi, soit je devrai me mettre en arrêt maladie. On ne s'en sort plus. » L'écart entre la problématique qu'elle m'expose et les débats qui agitent le monde politico-médiatique me sidère.

Vous allez me traiter d'« idéaliste » (j'ai l'habitude, je suis socialiste), mais je crois au pouvoir qu'a la politique de changer la vie concrète des gens. Pour ça, les citoyens doivent voir se refléter leurs histoires, leurs problèmes, leurs préoccupations quotidiennes chez les politiques qu'ils ont choisis pour les représenter. Dans la rue, les gens me parlent de leur quotidien, de la difficulté à boucler les fins de mois (qui commence de plus en plus tôt, d'ailleurs), de leur sentiment de déclassement, des injustices qu'ils ressentent ou encore de leur peur des lendemains. Je suis obligée de reconnaître que la gauche ne réussit pas à montrer qu'elle se préoccupe de la réalité du quotidien. Pas à une échelle nationale en tout cas.

Dans *Loin des villes, loin du cœur*[1], Rémi Branco, vice-président du conseil départemental du Lot, explique que, le dimanche, ses copains passent chez lui. Chacun apporte un paquet de saucisses, un pack de bières et ils lancent le barbecue. Personne ne va au restaurant. Soit parce que c'est trop cher, soit parce que c'est trop loin, soit parce que c'est cool, en fait, le barbecue. Les enfants jouent dans le jardin. C'est populaire et ça rend heureux. Sommes-nous incapables de comprendre ça ? Une chose est sûre : quand un représentant politique national très identifié médiatiquement se montre dédaigneux envers une tradition dominicale qui n'embête personne et n'est pas un problème en soi (les inégalités entre les hommes et les femmes et la surconsommation de viande le sont, pas le feu de bois et la convivialité), évidemment que

1. Rémi Branco, *Loin des villes, loin du cœur. La gauche veut-elle regagner les campagnes ?*, Éditions de l'Aube, 2024.

personne n'a envie de l'écouter. Alors que tout le monde l'a entendu. Et, tandis que la gauche débat saucisses et brochettes, le Rassemblement national s'enracine. Élection après élection, il va chercher de nouvelles voix, partout où se concentrait l'électorat de gauche[1].

La situation dans certaines régions françaises n'est pas engageante. Tu vis dans un village ou une petite ville, tu n'as plus d'hôpital à proximité, ni même de médecin généraliste, l'essence coûte un peu moins de 2 euros le litre, toutes les entreprises du coin ont fermé et tu dois rouler 40 kilomètres matin et soir pour aller travailler, tu n'as pas reçu l'aide de la CAF pour la garde de tes enfants, tu n'arrives pas à parler à un humain depuis quatre mois et ton dossier y est bloqué, les prix augmentent partout, tu ne peux plus partir en vacances depuis deux ans et les politiques t'expliquent à la télé qu'ils t'ont compris et que la dynamique économique est repartie... Alors tu regardes par-dessus la clôture de ton jardin et tu t'imagines qu'à compétences

1. Dans leur livre *Une histoire du conflit politique* (Seuil, 2023), les économistes Julia Cagé et Thomas Piketty ont montré que le vote populaire de gauche existe encore, mais qu'il est surtout urbain.

égales ton voisin vit mieux et s'en sort mieux que toi. Voilà ce qui nourrit, si ce n'est la haine de l'autre (pour certains, c'est le cas), du moins le ressentiment face à ce qui est perçu comme une injustice, qui est le carburant principal du parti de Jordan Bardella.

Soyons honnêtes, la rupture entre le PS et l'électorat populaire n'est pas (seulement) la faute du RN. Avant le ressentiment préexiste un sentiment de déconsidération très fort chez les citoyens, autrefois électeurs de gauche, déçus par notre politique et par notre manière de les regarder. Voilà pourquoi ils se tournent vers d'autres contrées. Quand il est donné l'impression que l'énergie politique des élus est investie dans la bataille pour l'intersectionnalité des luttes plus que dans le droit de la majorité à pouvoir manger correctement et à vivre dignement de son travail, cela pose un problème !

Comment en sommes-nous arrivés là ?

Les électeurs populaires nous ont en partie abandonnés au profit du bleu marine. Mais qui a abandonné l'autre en premier ? Les électeurs ou les élus ? À chaque élection, c'est le même débat au sein des instances. Et, à chaque élection, on nous ressort la note du think tank Terra Nova, rédigée en 2011.

Petit rappel : dans la perspective de l'élection présidentielle de 2012, ce rapport conseillait au Parti socialiste de se détourner de sa base électorale traditionnelle (les employés et les ouvriers) pour aller chercher un vote prétendument plus porteur : celui des jeunes diplômés, des femmes, des minorités et des habitants des grands ensembles urbains. Pour ce faire, la gauche devait axer son programme sur les questions sociétales (remise en cause de la famille traditionnelle, défense des minorités) et laisser tomber le social. Résultat des courses : la stratégie a été appliquée à la lettre avec trop de sérieux par de nombreux conseillers politiques.

Ces quelques pages de rapport ont été écrites il y a plus de douze ans, mais la presse en parle encore comme la déclaration de guerre du PS aux classes populaires rurales et périurbaines. Pour ma part, je n'accorde pas tant de crédit à la note de Terra Nova : quelques pages suffisent-elles à bouleverser le champ politique français ? Bien sûr que non. Elles étaient peut-être toutefois un signe précurseur de l'état d'égarement dans lequel le parti allait bientôt se trouver.

La crise grave du PS démarre deux ans plus tard, en plein exercice du pouvoir, dans la salle Colbert de l'Assemblée nationale. La salle, c'est l'usage, est réservée aux députés de la majorité. La quasi-totalité des 258 parlementaires socialistes y sont réunis. Nous sommes en 2014 et il y a débat : doit-on voter le budget proposé par le gouvernement ? D'ordinaire, le Parti socialiste est tenu à une discipline de groupe. Les échanges dans nos instances internes peuvent être véhéments, présenter des clivages puissants, mais dès que le vote est clos la position votée devient celle du groupe tout entier. C'est un système particulièrement démocratique. Ce jour-là, pourtant, cette mécanique bien huilée est sur le point d'être chamboulée.

Ceux que la presse baptisera bientôt les « frondeurs » décident en effet de rompre avec la logique du parti. On a beau être très attaché à la démocratie et au fait majoritaire, quand le président de la République s'entête dans des mesures en inadéquation avec votre identité politique, les convictions finissent par l'emporter. Les dissidents refusent de suivre un gouvernement incapable, à leurs yeux, de construire un budget juste. La décision est violente.

Salle Colbert, la députée du Doubs Barbara Romagnan, est en larmes. Pas parce qu'elle n'est pas d'accord, mais parce qu'elle comprend ce qui se joue à ce moment précis. Barbara sait que c'est le début de la fin d'une ère. Quelques jours plus tard, trente-neuf députés socialistes s'abstiendront de voter le budget du gouvernement Valls 2.

Lors de la traditionnelle fête de la Rose, à Frangy-en-Bresse (Saône-et-Loire), quelques semaines plus tôt, le ministre de l'Économie de l'époque, Arnaud Montebourg, avait invité Benoît Hamon, alors ministre de l'Éducation nationale, à partager une bouteille de sa désormais fameuse « cuvée du redressement ». Devant les journalistes, il avait promis d'en envoyer une pleine caisse à Hollande, une manière de moquer la politique du président et de le provoquer. Ce jour de la fin août 2014, François Hollande avait encore la possibilité d'infléchir sa politique pour rester dans la culture du consensus propre aux socialistes. Ce ne sera pas son choix. Le lendemain matin, Manuel Valls obtiendra la tête des deux indociles. Le groupe ne pourra plus rester soudé. On entre dans l'œil de la tornade de la défaite.

Quand trente-neuf représentants du peuple[1] expliquent qu'ils rompent avec leur discipline de parti parce que sa politique n'est pas suffisamment équitable et qu'on leur claque la porte au nez sans écouter leurs revendications, comment assurer aux classes populaires qu'elles sont bel et bien prises en compte par ceux qui les gouvernent ? Comment assumer de retourner aux urnes pour expliquer à ceux qui nous ont permis d'être en responsabilité que nous avons failli mais qu'ils peuvent compter sur nous ? Si j'avais été députée à l'époque, j'aurais très probablement été des frondeurs.

Puisqu'un malheur n'arrive jamais seul, cette crise a laissé émerger d'autres forces politiques, parmi lesquelles Emmanuel Macron et Jean-Luc Mélenchon… Avec la position, dominante à gauche depuis quelques années, de La France insoumise (LFI), les débats évoluent vers une vision politique plus communautariste et morcelée. Pas vraiment ma tasse de thé.

La gauche a-t-elle abandonné les classes populaires ? Non ! Mais elle le leur a laissé croire, sans le contester, en acceptant d'entrer

1. Ils seront bientôt quarante et un, puis près d'une centaine, à se définir comme frondeurs.

dans des discussions qui n'étaient pas les siennes. Lors du rapprochement avec d'autres partis, le PS n'a pas su mettre à l'ordre du jour ses sujets phares depuis Jean Jaurès : les salaires, le pouvoir d'achat, l'émancipation par le travail... Tout cela reste au cœur de l'ambition du parti, mais pas suffisamment du projet. Manifestement, certains ont cru qu'il était de bon ton de se renouveler, d'aller chercher des thématiques nouvelles. Que les revendications qui dataient de l'époque de la SFIO, les gens en avaient marre. Qu'il fallait être moderne. Ces socialistes-là se sont malheureusement trompés.

Au-delà de cette course à la modernité, il faut reconnaître que cet abandon réside aussi dans notre absence de programme ou de position sur certains sujets. Il est loin, le temps où le PS prenait des positions fortes, engagées, écoutées et suivies par les acteurs institutionnels. Depuis vingt ans, le PS se repose sur sa base programmatique sans véritablement la mettre à jour, et cette absence de renouvellement est particulièrement visible depuis 2017. Nous n'avons pas abandonné les classes populaires, mais nous ne proposons pas assez, parce que nous ne savons plus parler aux gens. Et c'est peut-être par là qu'il faudrait reprendre le bout de l'histoire.

Où l'on apprend qu'il faut être chiant

Malgré les crises, le PS continue d'agir. C'est à l'échelle des collectivités qu'il contribue à retisser le lien distendu entre la politique de gauche et l'électorat pour lequel nous la menons.

Le PS a deux richesses qu'il faut réussir à parfaitement coordonner : les parlementaires et les élus locaux. La fin du cumul des mandats rend cette coordination, essentielle, d'autant plus difficile. Pour avoir été les deux, je comprends les positions qui peuvent être défendues par les uns ou les autres. Je suis aujourd'hui une élue locale heureuse.

Les élus locaux ne font pas la loi, mais font en sorte que les gens puissent respirer, vivre, manger et prendre soin de leurs enfants tous les jours. Ils inventent les territoires de demain, les adaptent au changement climatique, maintiennent le lien social fondamental pour permettre à notre société de tenir et portent à bout de bras les services publics de proximité. Le b.a.-ba de la lutte contre l'extrême droite. J'ai beaucoup de chance d'avoir la possibilité de me consacrer à cette mission. J'ai l'impression d'être utile.

Si je conçois que refaire confiance à la gauche n'est pas nécessairement évident, jetez un œil à ce que les socialistes parviennent à mettre en place sur le terrain. À Paris, puisque c'est la municipalité que je connais le mieux, nous avons instauré la tarification sociale des cantines pour permettre à tous les enfants de manger le midi, ainsi que la gratuité des transports pour les moins de 18 ans et les plus de 65 ans. En ce moment, nous sommes en pleine refonte de notre système d'aides sociales. Il en existe une cinquantaine (handicap, perte d'autonomie, familles monoparentales...), mais les critères établis n'étaient pas toujours pertinents. Nous le rendons plus lisible pour pouvoir aider plus de gens. Là, on est dans la protection sociale, là, on est dans le quotidien.

Lors d'une discussion avec des sociaux-démocrates des pays nordiques, un élu a donné le secret d'une bonne politique de gauche. Il a dit : « Le secret, c'est d'être des *boring social-democrats.* » Autrement dit, des sociaux-démocrates chiants. Édifiant ! Pour bien comprendre ce conseil formidable de bon sens, voici une mise en application.

Il y a deux ans, j'ai pris part à une réunion d'appartement. Le concept est simple : une famille réunit des habitants du quartier et invite un élu à prendre le café ou à partager l'apéro. Les problématiques abordées touchent à la vie de tous les jours. On me parle parfois des bacs à crottes de chiens, mais, le plus souvent, la discussion tourne autour de l'argent, celui que l'on a et celui dont on manque. Rien de plus prosaïque et nécessaire. Ce jour-là, dans l'appartement de l'hôte, un monsieur ne perçoit plus sa pension de retraite. Il ne parle pas très bien le français et son problème est compliqué à comprendre. Je n'ai pas le droit d'abandonner : si on ne trouve pas une solution, il ne pourra bientôt plus manger. C'est la vraie vie, on n'a pas le droit à l'erreur. Nous avons passé un temps fou à déminer la situation. Il ne fallait pas être frappé de phobie administrative ! À mes yeux, c'est ça, la politique.

Quand, pendant la campagne présidentielle de 2022, Anne Hidalgo a proposé une grande convention salariale pour discuter avec les parties prenantes dans le respect de la démocratie sociale, sa proposition n'a pas suscité plus d'écho que ça. Sur le moment, j'ai eu du mal à saisir l'intérêt immédiat, mais avec le recul et après avoir vécu et observé le mépris total d'Emmanuel Macron au moment de la réforme des retraites, j'ai compris que son idée, sans être choc, consistait à revenir aux fondamentaux : écouter, discuter, penser la situation dans la *nuance*...

La *nuance*, que ce mot manque à la politique de notre époque ! En politique, pour être entendu, il faut être trash, il faut choquer. Regardez les outrances des « Insoumis » : cela leur permet à la fois de faire le buzz et d'attirer l'attention, tout en bougeant des curseurs vers le populisme d'une façon rarement égalée. Souvenez-vous l'hommage de Sophia Chikirou au chef du Hamas sur ses réseaux sociaux : au-delà du choc, qu'est-ce que cela apporte concrètement au débat si ce n'est l'occasion de faire parler de soi et d'affirmer une conviction ?

Pour mieux représenter les classes populaires, il me semble que la solution est simple : rompre avec ce qui nourrit l'éloignement et revenir au pragmatisme du quotidien. Les socialistes doivent accepter de traiter de sujets terre à terre : le pouvoir d'achat, le salaire, la proximité d'un professionnel de santé, la capacité à partir en vacances, la manière de se déplacer autour de chez soi, la possibilité de manger correctement... Voilà ce dont nous devons parler, exclusivement, lors de nos débats internes et de nos prises de parole. Chères gens de gauche, soyons ennuyeux.

Parler aux plus vulnérables ne signifie pas pour autant ne parler qu'à eux. Ne passons pas d'un clientélisme à un autre. Il s'agit de garder en tête notre ligne principale : la construction d'une société qui fonctionne bien dans le vivre-ensemble et dans laquelle personne ne se sent lésé. Travailler dans de bonnes conditions, ne pas souffrir de son travail (ni mentalement ni physiquement), être payé correctement ne sont pas des problématiques réservées aux ouvriers et aux employés. Contrairement à certains, je ne crois pas à la fainéantise. Personne n'a envie de vivre d'aides sociales, du chômage ou du RSA. À nous de penser un système économique plus juste qui permette au travail de ne pas générer de souffrances.

Depuis la défaite aux dernières présidentielles, nous n'avons pas été en mesure de renouer avec des projets politiques qui donnent envie aux gens de nous faire confiance. Le socialisme a pourtant, plus que jamais, un rôle à jouer.

2

La gauche a-t-elle bradé les services publics ?

Nous sommes en juin 2022. Un jeudi matin. En pleine campagne des législatives, j'essaie de regagner mon mandat de députée dans le 20e arrondissement de Paris quand mon téléphone sonne. Tu sais que tu es une mère quand le mot « école » s'affiche sur ton écran et que le monde – même politique – s'arrête tout à coup. Je décroche avec un « allô » fébrile. Au bout du fil, on m'annonce que Camille, mon fils de 5 ans, vient de tomber et que les pompiers les transportent, lui et son bras tout tordu, à l'hôpital. Je quitte tout pour retrouver mon garçon, souffrant (c'est bien une triple fracture) et affamé : puisqu'il doit être opéré, il faut rester à jeun. Finalement, après plusieurs heures d'attente, on nous annonce qu'il n'y a plus de place au bloc : revenez dimanche !

Quoi ? Mais on est jeudi... Pour ne rien gâcher, le dimanche en question est aussi celui de l'élection. Je ne vais décidément pas m'ennuyer ce week-end.

Je ramène donc mon fils à la maison, le bras en écharpe. Toute la nuit, il hurle et se tord de douleur. Je me sens impuissante. Dès le matin, j'appelle notre généraliste. Il me prescrit de la morphine. Mais une fois à la pharmacie, on m'explique que la France traverse une pénurie : pas de morphine disponible avant plusieurs semaines. J'ai l'impression d'être dans une gigantesque blague – c'est en fait un cauchemar éveillé. Après appel sur appel à l'hôpital, je parviens à décaler l'opération du bras de Camille au samedi. « Soyez là à 7 heures », me dit la standardiste. Nous arrivons à l'heure. Mon fils n'a rien mangé depuis la veille. Il sera opéré à 18 h 30. Moi, discrète comme je suis (non), j'ai passé ma journée à essayer de gérer un enfant de 5 ans affamé, hurlant de faim et de douleurs et à crier au scandale. « Je ne peux pas faire autrement, je n'ai que deux infirmiers de bloc », m'a répondu la cadre de santé, démunie. Personne n'a raison ou tort dans cette histoire, nous essayons de survivre dans un système qui s'est affaissé sur lui-même faute de moyens et de considération. « Mais où vont mes impôts s'ils ne financent pas l'hôpital ? » se demandent légitimement les citoyens.

Cette histoire personnelle, banale et heureusement sans gravité (mon fils a pu être opéré et n'a pas de séquelles aujourd'hui), me questionne : la gauche a-t-elle une plus grande responsabilité que la droite dans le délitement de nos missions d'intérêt général ? Franchement, faire la chasse aux coupables serait une bataille politicienne bien vaine tant nous sommes toutes et tous perdants, sans distinction. Pour autant, dans la construction même de ce qu'elle est, dans sa prise en compte des vulnérabilités, la gauche a une responsabilité morale plus forte dans la protection des services publics. Ils sont certes le patrimoine de ceux qui n'en ont pas, mais ils permettent aussi aux entreprises privées, aux intérêts privés de mutualiser leurs externalités négatives et leur gestion de certains risques (l'enjeu de formation de leurs cadres, les accidents du travail, le risque de maladie, etc.) qui, s'ils les traitaient individuellement, seraient bien plus onéreux pour eux. Cessons donc de considérer que tout le monde n'a pas un intérêt certain à ce que les services publics fonctionnent.

Les bureaux de poste qui disparaissent, les hôpitaux qui manquent de personnels, de moyens, de fournitures même, la fermeture des maternités (en vingt ans, plus d'un tiers ont mis la clé sous la porte), la disparition des guichets d'accès aux administrations au profit du tout-numérique... La liste est longue. Derrière ces exemples, c'est le tissu social qui s'effrite. Comment faire société quand on vit en zone blanche et qu'on ne peut pas déclarer ses impôts en ligne comme les autres ? Comment se sentir traité à égalité quand l'hôpital public semble géré comme une entreprise du CAC 40 et que l'offre de soins dans les établissements privés est plus rapide et prétendument de meilleure qualité ? Comment, quand vous habitez la campagne, ne pas vous sentir mis de côté par les politiques qui donnent le sentiment de tout régir depuis Paris ?

Le quinquennat Macron a renforcé cela. Vision centralisée, culte du chef, déconnexion totale avec le quotidien, fin de la démocratie sociale, *start-up nation* et casse sans précédent des budgets des territoires ont été autant d'eau supplémentaire ajoutée au moulin de l'abandon des territoires.

Combien coûte le bonheur ?

Récemment, mon beau-père, qui habite à Guéret, dans la Creuse, m'appelle. Il sort de chez l'ophtalmo (le plus proche est à Clermont-Ferrand, il a attendu neuf mois pour avoir un rendez-vous). Il est inquiet : la docteure lui a diagnostiqué un début de glaucome et a fixé un rendez-vous dans seulement six mois, car elle n'avait aucune disponibilité avant. Ça me remue : un de mes amis a perdu la vue il y a quelques années des suites de cette même maladie. Je me démène et lui trouve un rendez-vous chez un spécialiste à Paris. Grand bien m'en a pris : l'ophtalmologue parisien qui le reçoit nous assure que si le glaucome n'est pas traité en urgence, mon beau-père sera aveugle dans les quatre mois. Encore aujourd'hui, il est traumatisé par cette expérience. S'il ne m'avait pas appelée, si je ne lui avais pas trouvé un rendez-vous, il aurait perdu la vue.

Nous avançons de plus en plus vers un hôpital à deux vitesses, accessible à ceux qui ont l'argent et/ou les contacts. C'est le résultat d'années de politiques de rentabilisation de l'hôpital public.

En juin 2024, l'Insee a fait paraître une étude très originale qui touche à ce sujet. Plusieurs économistes et statisticiens ont cherché à mesurer le prix d'un sourire[1]. Autrement dit, à combien (en euros) peut-on évaluer le bien-être ? La question du sondage était simple : si vous étiez très malade, combien seriez-vous prêt à donner en pourcentage de votre revenu pour ne plus l'être ? *Idem* pour les situations de chômage, de solitude, d'insécurité, de pression au travail... Les chiffres qui en sont sortis sont hallucinants : pour la maladie, les sondés les plus modestes ont répondu qu'ils donneraient en moyenne 56,9 % de leurs revenus pour recouvrer la santé. Le chiffre monte à 93 % chez ceux qui gagnent plus de 30 000 euros par an. Les personnes ayant répondu au sondage sont manifestement conscientes de la valeur du bien-être dans leur vie. Pourquoi ceux qui rognent sans cesse sur les montants alloués aux services publics ne le sont-ils pas ?

Quand on n'a rien, on a quand même des services publics. Le sentiment de pouvoir vivre en paix, sans craindre pour sa santé

1. Insee, « Bien-être ressenti et revenu : l'argent fait-il le bonheur ? », juin 2024 (n°2024-009).

et sa sécurité, n'a pas de prix. Nous nous trompons dans notre manière d'apprécier ces valeurs : nous évaluons l'efficacité des services publics sur la base de rapports de la Cour des comptes alors que leur rentabilité n'est pas monétaire et court-termiste, mais immatérielle et longue à observer. Des services publics de qualité restaurent le sentiment de plénitude des Français et leur confiance dans les pouvoirs publics. Un bon système hospitalier n'est pas lucratif ; il prend soin du bien-être, donne de la confiance en l'avenir et un sentiment d'égalité entre les citoyens. En cela, l'étude de l'Insee justifie à elle seule les hausses d'impôts, l'investissement dans la recherche et le renforcement de la protection sociale.

Les services publics, c'est aussi l'éducation. Comme je vous le disais en préambule, je suis arrivée à la gauche grâce à mes études. C'est en médecine-pharma que j'ai compris les mécanismes de la reproduction sociale. Le système éducatif français continue de faire croire à nos enfants que, s'ils sont intelligents et travaillent suffisamment, ils ont tout pour réussir. C'est faux ! La profession des parents, leur ouverture culturelle, leur santé mentale et physique, ainsi que la zone géographique où l'on passe ses premières années de vie... voilà les vrais déterminants.

Pour rééquilibrer les chances, l'école a un rôle très important à jouer. À 8 ans, mon fils, scolarisé à Paris, fait de la philosophie contée. Je n'aurais jamais songé à lui proposer ce type d'activité ! La ville de Paris, oui. Et c'est parfait. Camille s'ouvre à des choses différentes de celles de la maison. Tout comme l'ensemble de ses camarades, quelle que soit leur origine sociale. Les politiques publiques qui garantissent nos services publics sont essentielles. À l'école, on apprend tout. Pas seulement ce qui relève de l'intellect. On y apprend à vivre ensemble, à gérer les différences, à devenir citoyen. Ça vaut la peine d'y mettre un peu d'énergie et de budget.

Le local à la rescousse des usines à gaz

Toutefois, ne croyons pas que la gauche ignore comment gérer un budget. Garantir le maintien de services publics de qualité demande une méthodologie impeccable.

En novembre 2023, nous avons, à la mairie de Paris, un grand débat sur la mise en accessibilité des commerces. Je suis adjointe en charge de ces questions, je rencontre donc, en compagnie de mon collègue des finances, la déléguée interministérielle à l'accessibilité. Nous la recevons dans la bibliothèque du Conseil de Paris. Vous me croirez ou non, cette femme est radieuse d'enthousiasme. Vraiment, elle est fière : avec le nouveau fonds territorial d'accessibilité, ils vont tout révolutionner ! Pour la modique somme de 300 millions d'euros, ils vont soutenir les artisans et les commerçants dans leurs travaux d'aménagement. Mon premier réflexe est de penser que ce fonds sera géré directement par les collectivités. « Ah non, me répond-elle. Chaque commerçant fera une demande personnelle pour réaliser ses travaux. » Me voilà sceptique tout à coup. Je lui explique que nous avons déjà lancé une expérimentation d'un fonds de mise en accessibilité dans trois arrondissements parisiens. Nous avions mis 100 000 euros sur la table, fait du porte-à-porte, embauché des services civiques pour susciter les demandes et procéder au suivi, les maires d'arrondissement eux-mêmes ont rencontré les commerçants pour les inciter à engager les travaux… Vous savez combien de demandes nous sont parvenues ?

Trois. C'était trop de paperasse supplémentaire, trop de contraintes pour des gens qui croulent déjà sous le boulot.

« Votre initiative est vouée à l'échec, dis-je à la rayonnante déléguée interministérielle. En revanche, si vous nous faites bénéficier de ce fonds territorial d'accessibilité, la mairie peut prendre à sa charge la mise en accessibilité de l'entrée des commerces qui donne sur l'espace public. » Elle a refusé ma proposition : ce n'est pas ce qui était prévu. Résultat : le fonds a été lancé et moins de 5 % de l'enveloppe a été utilisée. Si vous n'accompagnez pas les artisans et les commerçants débordés de travail, et que vous comptez sur leur seule passion pour le remplissage de formulaires Cerfa, rien ne se passe. C'est logique.

Si j'évoque cette histoire, c'est qu'elle raconte bien l'incapacité de l'État à adapter ses politiques à la réalité du terrain. Les hauts fonctionnaires payés pour imaginer les politiques publiques sont des superstars lorsqu'il s'agit d'inventer des usines à gaz nationales – parfois totalement déconnectées des besoins réels des administrés... Je les invite à consulter davantage les collectivités territoriales. À notre échelle, nous, élus locaux, menons très souvent des expérimentations, comme en 2021 à Vénissieux, Bastia et dans le 10e arrondissement de Paris pour le « territoire zéro non-recours aux droits ».

Chaque année, plus d'un tiers des aides sociales ne sont pas réclamées par ceux qui ont le droit d'en bénéficier. Nous avons donc mené une expérimentation pour tenter de comprendre pourquoi ces prestations ne sont pas demandées et comment faire diminuer ce taux. En 2023, trente-neuf territoires supplémentaires ont rejoint l'expérimentation. L'État aurait tout intérêt à se renseigner sur les connaissances de terrain dont disposent les collectivités.

Parfois, il faut aller plus loin. La reprise en main de certains services par la municipalité permet même de faire des économies. C'est ce qu'il s'est passé avec la municipalisation d'Eau de Paris, décidée en 2009 : en quatre ans, le prix de l'eau du robinet a baissé de 8 %[1]. En 2024, l'eau coûte désormais 0,004 euro le litre (contre 0,17 euro en moyenne pour de l'eau en bouteille plastique vendue en supermarché). La décision de la ville de reprendre

1. Chambre régionale des comptes Île-de-France, « Politique de l'eau – Ville de Paris. Exercices 2009 et suivants », juillet 2024.

l'eau n'était pas qu'une évidence économique, c'est tout un cercle vertueux qui s'est mis en place. Il faut dire que nous avons placé la barre sanitaire très haut : 50 000 échantillons prélevés chaque année, 60 paramètres qualité analysés en continu, 300 000 paramètres mesurés chaque année et un double contrôle assuré par le laboratoire d'Eau de Paris et par l'Agence régionale de santé. Eau de Paris dispose aussi du premier laboratoire public de recherche sur l'eau potable en France, situé à Ivry-sur-Seine depuis 2010, pour financer la recherche et les investissements.

En 2023, d'autres communes ont suivi notre exemple. Bordeaux et Lyon ont repris la gestion en régie de leur réseau d'eau respectif. En France, désormais, plus de la moitié de la population est alimentée par des régies d'eau plutôt que par des entreprises privées spécialisées.

Des idées comme celles-ci viennent aussi des parlementaires. Le 3 avril 2024, l'Assemblée nationale a adopté la proposition de loi du député de l'Eure Philippe Brun, visant à protéger EDF d'un démembrement. Grâce à lui, les très petites entreprises, les artisans, les commerçants et les agriculteurs auront accès, à compter du 1er février 2025, à des tarifs réglementés d'électricité. Je ne sais pas précisément d'où lui est venue l'inspiration. En revanche, je sais que Philippe Brun est le seul député socialiste d'un territoire entièrement aux mains du Rassemblement national. Pour gagner les dernières législatives (il était mal barré, avec 25 points de retard aux européennes), il est allé à la rencontre des habitants dans les rues, sur les marchés et ailleurs, et a multiplié les réunions publiques. Il a sollicité les soutiens des élus locaux républicains, créant un arc de soutiens contre l'extrême droite, indépendamment de leur parti d'origine. Il a pris des initiatives locales, festives, conviviales et de proximité. Bref, il a fait ce que tout bon politique fait : il a écouté. C'est sûrement cette qualité-là qui lui a permis de rédiger une proposition de loi aussi utile.

Qui a dit que les socialistes jetaient de l'argent par les fenêtres ?

Assurer la pérennité des services publics coûte cher. Il faut faire bon usage de ce budget, sans le gaspiller. Heureusement, les socialistes assurent souvent une gestion en bonne mère de famille : ils mettent de l'argent là où c'est nécessaire, comme la création de 60 000 postes d'enseignants sous Hollande, une offre périscolaire abordable et de qualité à Paris ou encore une restauration collective bio et locale dans les cantines scolaires de Dordogne. Les Français ont besoin de se réconcilier avec leur nation. Ils expriment le besoin de se sentir mieux protégés. Pour répondre à ce besoin, nous devons faire reposer nos politiques nationales sur du concret. Et parler aux collectivités avant de légiférer.

3

La gauche fabrique-t-elle de la dette ?

De façon systématique, la gauche est considérée comme dépensière et mauvaise gestionnaire. Au pouvoir, elle serait forcément responsable de l'explosion de la dépense publique. Nous, gens de gauche, le savons, porter l'espoir d'un quotidien meilleur fait de nous, dans l'imaginaire collectif, des Bisounours inconscients et utopistes face à la grande machinerie qui dirige le monde : la finance. Œuvrer pour le bien commun annihile hélas toute crédibilité. Car la crédibilité descend du business, de l'argent, de la prédation. En un mot : du désespoir.

Quand, au début de sa campagne pour la présidentielle de 2022, Anne Hidalgo a proposé de doubler les salaires des enseignants, tout le monde lui est tombé dessus. Pourquoi ? Parce que ce n'était pas réaliste, pas finançable et donc démagogique, dixit les opposants politiques (ou les rabat-joie). Nous avons l'habitude : c'est toujours ce qu'on répond à la gauche quand elle a le courage de se mouiller avec ce genre de propositions. Finalement, c'était une idée si bonne qu'elle a été reprise en haut lieu : Emmanuel Macron a lui-même décidé d'augmenter les salaires des professeurs.

Commençons ce chapitre par une vérité qui vous surprendra peut-être : les deux présidents à avoir fait exploser la dette ces dernières années sont Nicolas Sarkozy et Emmanuel Macron. À l'inverse, François Hollande et Lionel Jospin (en tant que Premier ministre) ont été de très bons gestionnaires des comptes publics.

Il n'y a pas une droite économe et une gauche panier percé. Il faut sortir de ce poncif. Entre la gauche et la droite, il y a deux visions de l'équilibre budgétaire. Là où la droite cherche à réduire les recettes sans augmenter les dépenses en créant par exemple des niches fiscales, en supprimant l'impôt sur les grandes fortunes et en économisant sur les services publics, la gauche renforce le rôle de l'État sur des sujets porteurs de bien-être ou d'avenir (services publics, développement des transports en commun, transition écologique) et cherche à financer ces investissements par une hausse de ses recettes (en augmentant l'impôt des nantis, par exemple). Dans les deux configurations, le niveau de la dette reste stable (sauf sous les deux présidents précédemment nommés). Le quotidien des gens, en revanche, n'a plus rien à voir.

Les choix budgétaires des Bisounours

Le cliché du socialiste qui promet un vrai changement de vie sans jamais tenir compte des réalités du monde capitaliste a la vie dure. Pourtant, il suffit de jeter un œil aux comptes des collectivités locales de gauche pour s'assurer de nos compétences en gestion. De toute façon, nous n'avons pas le choix : les règles budgétaires qui s'appliquent aux collectivités territoriales sont beaucoup plus strictes que celles de l'État central. Chaque année, nous sommes obligés de présenter un budget équilibré – quitte à assurer cet équilibre avec de l'emprunt (j'y reviens plus loin).

À Paris, sur un budget de 11,3 milliards d'euros, nous investissons 2,7 milliards pour le social. Ce sont des choix assumés. Comment pourrait-il en être autrement ? Dans nos cantines scolaires, le repas pour les enfants issus des familles les plus précaires coûte 0,13 euro et les plus aisés déboursent 7 euros. Quand nous construisons notre budget, nous gardons en ligne de mire la nécessité de la justice sociale et du bien commun. L'argent n'est pas seulement de l'argent ; c'est ce qu'on fait avec qui compte. Ceux qui me disent que 50 000 fonctionnaires, c'est trop, que veulent-ils supprimer ? Des auxiliaires de puériculture pour leurs enfants ? Des activités périscolaires ? Peut-être des créneaux de piscine le soir et le week-end ? Ou bien des postes d'éboueurs ?

Pour financer ces dépenses, il faut bien sûr des contreparties. Par exemple, en 2023, la ville a choisi d'augmenter la taxe foncière pour le tiers de Parisiens qui sont propriétaires de leur logement. N'en déplaise à Christophe Béchu, ministre de la Transition écologique d'alors, qui s'était insurgé sur les réseaux sociaux, elle reste l'une des plus basses de France – contrairement à la taxe foncière d'Angers, dont il est le maire.

Scoop : Standard & Poor's et Moody's seraient de gauche

Christophe Béchu n'est pas le seul macroniste à faire preuve de malhonnêteté – qui en doutait ? Le 27 novembre 2022, interrogé par les journalistes d'Europe 1 et de CNews, le ministre chargé des Transports d'alors, Clément Beaune, indique qu'une mise sous tutelle de la ville de Paris n'est pas exclue. Anne Hidalgo serait un danger public quant à la gestion de la capitale. Ah bon ? Pourtant, un mois plus tôt, Standard & Poor's attribuait à Paris un AA[1], soit la note la plus élevée pour une collectivité. L'agence de notation américaine soulignait même la qualité de notre gestion. L'opposition, à court d'arguments, avait propagé une *fake news*. La même note nous fut attribuée en avril 2024 par une autre agence, Moody's. Décidément, ces Américains sont de vrais gauchos.

Face à un tel niveau de mauvaise foi, que faire ? Je ne suis pas une spécialiste de l'économie et je ne me risquerai pas à des analyses fumeuses. Je souhaite juste que les lecteurs de ce livre prennent conscience de l'importance d'éviter la caricature. J'en reviens à la question de l'emprunt sur lequel Paris s'appuie. Aujourd'hui,

1. Les collectivités ne peuvent pas obtenir une note plus élevée que celle du pays. La note de la France ayant été dégradée, de AAA à AA, par plusieurs agences de notation après la crise des *subprimes*, il s'agissait donc de la meilleure note possible pour Paris.

la dette de Paris s'élève à 8,8 milliards d'euros. Avec un patrimoine municipal évalué à 44 milliards d'euros, c'est un endettement soutenable et optimisé. Surtout, la valeur du patrimoine a augmenté trois ou quatre fois plus vite que la valeur de la dette parisienne. Notre dette est donc une dette vertueuse. Celle-ci nous permet d'investir massivement pour le futur des Parisiens et des Parisiennes, et de financer nos services publics – financement que nous assurons seuls depuis que la dotation globale de fonctionnement de la part de l'État est passée de 930 millions d'euros en 2015 à zéro aujourd'hui. Oui, vous avez bien lu : 0 euro d'investissements de l'État. Le plan d'investissement de 1,8 milliard d'euros de notre budget pour 2025 servira en majeure partie à financer la transition écologique, une somme importante que nous destinons à la rénovation thermique des bâtiments, à la construction de nouvelles pistes cyclables, parmi d'autres politiques publiques qui laisseront une ville adaptée au changement climatique et agréable à vivre pour les générations futures. C'est un choix politique fort dont l'État devrait s'inspirer. Ne soyons pas naïfs : la dette économique se négocie, tandis que la dette climatique, elle, est mortelle.

4

La gauche a-t-elle trahi ?

Le 2 août 2024, je suis à l'Arena du Champ-de-Mars. Nous sommes en pleins Jeux olympiques. C'est la finale de judo. Autour de moi, des proches politiques. Nous restons tous bouche bée par ce qui se passe sous nos yeux. En contrebas, la ministre des Sports, Amélie Oudéa-Castéra, et le président de la République courent littéralement après les athlètes pour leur arracher des selfies et les serrer dans leurs bras. La scène est dingue d'indécence. Ils tentent d'accaparer l'image médiatique d'un moment très personnel pour des sportifs qui s'entraînent depuis des années. « C'est le problème des élus qui ne savent pas rester à la place institutionnelle qui est la leur, me dit une de mes comparses. C'est le moment des athlètes, il faut savoir le respecter. » L'autre complète : « Ils accaparent les richesses de toute nature. Ces gens-là sont vraiment des voraces. »

En 2017, les Voraces sont arrivés au pouvoir. Voilà quelque chose qu'on reproche souvent à la gauche : avoir engendré Emmanuel Macron. Après deux présidentielles, je l'entends encore beaucoup : « Macron, c'est de votre faute. » D'abord secrétaire général de l'Élysée puis ministre de l'Économie, il joue le jeune loup déguisé en mouton dans la bergerie. Puis sa couverture tombe et on réalise que ses crocs sont longs, très longs.

Comment en sommes-nous arrivés là ? Je me souviens du discours du Bourget lors de la campagne de 2012. J'y étais. La salle était immense et l'effervescence, folle. J'en avais des frissons. « Mon ennemi, c'est la finance ! » Quel discours ! Quelle force ! Tout le monde s'est dit : « Ça y est, on va enfin parler redistribution et égalité réelle. » Alors, comment a-t-on pu passer de l'espoir de 2012… à Jupiter ? La gauche a-t-elle vraiment trahi les électeurs qui lui ont fait confiance ?

« Choisir, c'est renoncer »

François Hollande n'est pas n'importe qui. Il a été premier secrétaire du Parti socialiste et a gravité longtemps dans le landerneau des cercles du pouvoir avant d'entrer à l'Élysée. Ce n'est pas un amateur. Par ailleurs, c'est une personne pleine d'humanité que j'apprécie énormément. Mais son mandat a été marqué par une difficulté constante à faire des choix au sommet de l'État.

Pour gouverner, il faut accepter d'arbitrer et de prendre des décisions qui vont forcément mécontenter une partie de la population. La manière de vivre la déception que l'on suscite est propre à chacun. Ce sont des considérations très personnelles. D'autant qu'on attend énormément de la gauche, beaucoup plus que de la droite. Porter l'espoir d'un monde meilleur implique une grande responsabilité. Lors de son mandat, François Hollande (il l'a raconté plus tard à des proches) a souvent ajourné des décisions, estimant que les circonstances allaient choisir pour lui. Ceux qui l'entouraient, comme Manuel Valls, un homme de poigne (si c'était une femme, on dirait d'elle qu'elle est méchante... passons), ont exercé sur lui une pression dingue. C'est ce qui s'est passé avec la règle d'or, avec l'affaire Leonarda, etc. Il a fait le choix de ne pas faire de choix.

Par ailleurs, il y a quelque chose qu'on oublie souvent, voire qu'on ignore, c'est la lourdeur de l'administration. Traditionnellement, quand une nouvelle majorité arrive aux responsabilités, décision est prise de changer des postes clés, comme le directeur du Trésor. Hollande n'a pas adopté cette stratégie. Il a considéré que l'administration était immuable. C'est un raisonnement très français. Personnellement, je crois qu'il faudrait institutionnaliser une modification des postes les plus stratégiques après une élection. Ne pas procéder à ces changements est à mon sens une erreur. En tant que responsable politique, il ne faut jamais considérer que l'administration fera ce que vous lui demandez. L'administration est là pour assurer une continuité institutionnelle. L'application de l'orientation politique qui lui est dictée, c'est une autre histoire. Les fonctionnaires appliquent-ils vite et bien les directives ou bien traînent-ils des pieds ? Cela dépend de la fermeté et de l'autorité dont font montre les élus en place. On m'a souvent dit, en parlant de l'administration, « ils pensent être les meubles, et nous, élus, la poussière... ».

Je le sais car l'inertie de l'administration existe aussi à l'échelle de la ville. À Paris, nous avons une administration puissante ; les services sont des paquebots de 5 000 agents parfois. C'est notre devoir d'élus de tenir bon sur la décision politique. Nous sommes au service des citoyens, rien d'autre ne devrait compter. Il faut donc savoir trancher, prendre des décisions et parfois faire preuve d'autorité pour que les choses avancent. Quand j'ai pris mes responsabilités en tant qu'adjointe en charge de l'accessibilité et du handicap, l'une de mes grosses inquiétudes était la mise en accessibilité du réseau de bus. Pour les Jeux olympiques et paralympiques, Valérie Pécresse ne s'était pas occupée des sujets d'accessibilité des transports et aucune ligne de métro (sauf la ligne 14) n'était adaptée aux personnes à mobilité réduite. Je m'étais donc engagée, en lien avec l'ambition de la maire sur ce sujet, à ce que 100 % de nos lignes de bus le deviennent. Pour qu'une ligne soit considérée comme accessible, il faut qu'*a minima* 70 % de ses arrêts le soient. À Paris, il y a 2 287 arrêts de bus. Je ne sais pas si vous imaginez le niveau de travaux. À ma prise de fonction, en novembre 2022, je rencontre donc un dirigeant de la direction de la voirie. Il me dit : « Ne vous inquiétez pas, tout sera prêt en 2027. » J'ai cru à une blague : les JO démarrent en juillet 2024 et nos engagements à l'égard des administrés étaient clairs… Non, il ne peut pas être sérieux. En fait, si. Après cette discussion lunaire, j'ai dû exercer une pression puissante et quasi quotidienne sur l'administration pour que tout soit prêt à temps. « Ces batailles-là, invisibles au grand public, sont le quotidien des élus. Nous devons être ce rempart entre la décision administrative pragmatique et les besoins concrets des gens. »

La volonté politique et la capacité d'un élu à ne pas perdre le fil de son orientation et de son exigence sont déterminantes.

Je ne cherche pas d'excuse aux socialistes : je pense qu'il y a eu un vrai décrochage de la gauche au moment du quinquennat. Il voulait être un président accessible, normal ; François Hollande a donné le sentiment de ne pas se préoccuper assez des plus modestes. Quand on fait le bilan aujourd'hui, on sait pourtant qu'il est parvenu à créer 60 000 postes dans l'Éducation nationale, 9 000 dans la police et la gendarmerie, et a revalorisé de 25 % l'allocation de rentrée scolaire. Il a créé le compte pénibilité, la complémentaire santé obligatoire, les emplois aidés. De grandes mesures sociales. Ce n'est pas rien, mais ce n'est pas assez.

La génération de socialistes qui réenchantent

Là où la gauche tient ses engagements, c'est à l'échelle des collectivités. Elle ne trahit pas le quotidien. Nous sommes, au contraire, le dernier filet de sécurité d'une société qui se délite complètement.

Quand Michaël Delafosse, le maire socialiste de Montpellier, me convie à l'inauguration de la gratuité des transports en commun de sa ville, il m'indique que ce sera le jeudi 21 décembre 2023, à 19 heures. Pendant des semaines, il bassine tout le monde avec cette date clé : les transports publics montpelliérains seront gratuits à partir du 21 décembre à 19 heures. Un jour, je lui dis en souriant : « C'est bon, Michaël, j'ai retenu ! » Lui était on ne peut plus sérieux : « C'est hyper-important : cette date et cette heure, c'est la matérialisation d'un engagement de campagne. Quand on dit quelque chose, on le fait. J'avais fait la promesse de rendre les transports en commun gratuits à Montpellier et je le ferai. » Et il l'a fait. C'était le 21 décembre 2023, à 19 heures.

Pour divertir mes lecteurs, je plaisante un peu, mais, au fond, je comprends parfaitement ce que défend Michaël Delafosse. Notre génération a un vrai travail de réenchantement à mener. Nous devons retisser les liens de confiance qui se sont rompus. Pour ma part, je ne laisse jamais passer un e-mail qui m'est adressé. Un citoyen qui prend le temps d'écrire à un élu, s'il n'obtient aucune réponse, forcément se dira qu'on est tous les mêmes : « Une fois au pouvoir, ils n'en ont plus rien à foutre de nous. » Pareil, si je dis que je serai sur le marché à 11 heures, je n'ai pas intérêt à être en retard. Même s'il n'y a qu'une seule vieille dame qui remarque mon petit quart d'heure marocain (si, ça marche avec toutes les origines), c'est fichu et je serai cataloguée comme dilettante et irrespectueuse. Ces détails insignifiants en apparence sont importants, car ce sont eux qui nourrissent au quotidien un sentiment de déconnexion.

Lionel Jospin, qui m'a beaucoup soutenue et accompagnée dans mes campagnes législatives, me l'a toujours dit : ne jamais trahir la parole donnée, porter haut l'éthique en politique.

Il faut dire qu'Emmanuel Macron (encore lui) ne nous a pas aidés. « Soyez fiers d'être des amateurs », avait-il dit en février 2020 aux députés LREM après une énième polémique. Mais être élu ne relève en rien de l'amateurisme ! Macron a dévoyé la chose politique en faisant croire que tout le monde pouvait être élu. La politique, c'est une vocation. Qui a envie de bosser sept jours sur sept en étant mobilisable tout le temps, en se faisant insulter quotidiennement dans la rue et sur les réseaux sociaux, pour une indemnité (et non un salaire) bien moins importante qu'un salaire dans le privé, à responsabilité égale évidemment – et sans retraite, chômage et autres cotisations ? Il faut énormément de compétences, de professionnalisme, d'abnégation, de convictions et d'envie de se battre pour améliorer la vie des gens. La politique ne se fait pas pour soi, elle se fait d'abord pour les autres.

Ce sujet du statut des élus et de leur rémunération est très tabou aujourd'hui, peu importe les générations. Il est pourtant au cœur de la réflexion que nous devons avoir si nous souhaitons ressusciter des envies et des vocations.

Voyez le nombre de communes sans candidats, de maires démissionnaires ou d'élus lâchant leur mandat en cours de route du fait de la dureté de leur quotidien politique et de la violence exercée contre eux (sans surprise, les femmes sont les plus touchées). Refuser de discuter du statut des élus revient à les ignorer et donc à bafouer la République, dont ils sont représentants et garants.

Aujourd'hui, nous, jeune génération, avons déjà commencé le travail pour faire renaître la confiance.

5

La gauche a-t-elle délaissé la laïcité ?

Le 16 décembre 2021, je me suis retrouvée, à mon grand étonnement, invitée sur le plateau de KTO. Le député socialiste de Meurthe-et-Moselle et catholique de gauche Dominique Potier m'avait demandé de le remplacer sur un débat politique. Il se trouve qu'une fois par mois, la chaîne invite des élus de tout bord autour d'un sujet de société. Cette fois, il s'agissait de débattre de l'accueil des migrants. Après m'être assurée qu'il ne s'agissait pas de prosélytisme (le cas échéant, j'aurais été la pire des personnes à inviter), j'ai accepté. Me voilà donc moi, Lamia El Aaraje, avec, selon les spécialistes de l'essentialisation, un nom qui hume fort la Musulmanie[1], traversant les locaux de

1. Rappel : la Musulmanie n'est pas un pays.

l'éminent diffuseur de la messe. Le lendemain, des habitants du 20e me saluaient dans la rue, enthousiasmés (étonné pour l'un d'entre eux) par ma présence sur leur écran de télévision la veille.

Au-delà de l'anecdote, cet épisode montre à quel point nous sommes regardés à l'aune de nos origines supposées et ramenés à ce que certains pensent être la religion d'assignation ; et pas à l'aune de nos parcours, nos formations, nos valeurs ou encore nos convictions politiques.

Ce n'est un secret pour personne : je me fiche royalement de la religion des gens. J'ai deux nations que j'aime, la France et le Maroc, mais j'ai choisi de vivre dans le pays des libertés. J'y tiens beaucoup. En France, chacun a la liberté de croire ou de ne pas croire, tant que ça n'empiète pas sur nos communs. Ce concept est une merveille. Ça s'appelle la laïcité.

La laïcité est un socle sur lequel construire : construire l'égalité, construire le vivre-ensemble, construire une société où chacun trouve sa place. Aujourd'hui, quand certains se revendiquent en premier lieu d'une communauté religieuse, il est important que les choses soient claires : il n'y a qu'une seule communauté qui vaille, celle de la République. En France, les libertés individuelles et les libertés constitutionnelles dépassent tout dogmatisme religieux. Ceux qui ne sont pas contents peuvent choisir de s'installer ailleurs. Quand je tiens ce discours, on m'accuse d'être de droite (ce qui est impossible puisque tout le monde est de gauche !). C'est absurde, ce discours n'appartient pas à la droite mais aux républicains. Je respecte les différences, les origines et influences diverses, les rites et, par-dessus tout, j'aime les traditions – en particulier culinaires. Invitez-moi à votre table pour Pâques, shabbat ou le ramadan, je ne manque jamais une invitation à la convivialité. La religion qui rassemble (autour d'un dîner *a fortiori*), oui. Celle qui ostracise, non.

Quand j'étais députée de la 15e circonscription, j'aimais réunir les acteurs locaux importants. Je buvais le café avec les pompiers, les commissaires, les associations d'éducation populaire ou les acteurs de la culture. Un jour, j'ai décidé d'organiser un moment avec les acteurs religieux de l'arrondissement. Après tout, eux aussi aident des communautés importantes à s'organiser. Ils devaient forcément en savoir long sur les problématiques de nos quartiers. J'ai donc lancé les invitations aux paroisses, synagogues et mosquées de la circonscription. Ce matin-là, autour de la table, il y avait deux pasteurs, trois curés, trois ou quatre rabbins. La réunion devait durer une heure… elle en a duré plus de trois. Nous avons parlé de tout, sauf de religion : comment améliorer la vie du quartier et résoudre les problématiques sociales que nous rencontrions. Certains parlaient de charité quand moi j'employais le terme de solidarité, mais nous parlions le même langage : celui de la communauté des citoyens. Le prêtre de Saint-Germain-de-Charonne prêtait l'oreille aux plus fragiles lors de porte-à-porte dans les immeubles où la misère est criante. Un autre religieux organisait des distributions alimentaires. « Et tes distributions, tu les fais sur quels critères ? » s'enquérait un convive. Tout le monde est reparti avec de nouvelles idées. Plutôt que de brider la communication, nos différences ont nourri les esprits.

Ce moment est une belle illustration de la laïcité défendue par le Parti socialiste. La loi protège la foi et l'exercice religieux – et cela dans un cadre privé. La République invite toutefois chacun de ses membres, dans toutes ses différences, à participer à la vie de la cité. C'est inscrit au premier alinéa de l'article premier de notre Constitution. On ne peut pas faire plus clair. Pourtant, si ce chapitre existe, c'est que ce principe semble bien fragile. La laïcité est affaiblie ces temps-ci. D'abord, par l'extrême droite, au prétexte de préserver une pseudo-identité française prétendument blanche et catholique. Ensuite, par les populistes se réclamant de l'extrême gauche.

Laïcité dévoyée

Le 7 octobre 2023, un massacre terroriste innommable se déroule, ravivant sous nos yeux l'un des conflits les plus horribles de notre histoire contemporaine. En une nuit, des jeunes sont tués en festival, des familles sont massacrés dans des kibboutzim, des enfants sont assassinés, des otages sont enlevés par les terroristes du Hamas. Notre humanité est atteinte, l'antisémitisme rejaillit partout dans le monde, la bande de Gaza est pilonnée sans relâche, des milliers de Palestiniens et leurs enfants meurent sous les bombes et les perspectives de paix au Proche-Orient sont anéanties. Je n'en dors pas pendant deux jours. La France insoumise, elle, va juger opportun d'en faire un objet de clivage et un sujet de campagne pour les élections européennes.

Les propos successifs de Mathilde Panot et de Danièle Obono, la première refusant de qualifier le Hamas de « terroriste », la seconde le qualifiant de « mouvement de résistance », divisent et, l'enquête ouverte par le parquet de Paris le dira finalement, font le jeu de l'apologie du terrorisme. À leurs yeux, toute autre parole nuancée sur le sujet est inaudible. C'est avec cette même grille de lecture qu'une partie des « Insoumis » observent notre société française. Les faibles *versus* les forts. Les dominants *versus* les dominés. Cette analyse simpliste devient ainsi un outil d'opposition des citoyens les uns contre les autres, au prétexte que leurs religions seraient incompatibles entre elles. Ils font croire que la laïcité se ferait contre les religions, quand c'est au contraire un modèle de respect des croyances et de leur exercice en liberté et en sécurité.

Quand LFI fait du conflit israélo-palestinien un thème de la campagne européenne de 2024, la tactique est électorale. Ils partent du principe qu'il existerait un vote religieux ou communautaire. Les gens comme moi, avec ma tête d'Arabe, bien loin d'être des personnalités complexes, composites, aux expériences riches – bref des citoyens – seraient sensibles à cette vision pauvre, minimale. Nous, parce que plus foncés que les autres, serions forcément de potentiels électeurs de Jean-Luc Mélenchon. Dans l'esprit de ces personnes-là, les citoyens peuvent être réduits à une origine, à une couleur de peau ou à une religion présumée. C'est une insulte à la vision universaliste que je porte.

Quand Rima Hassan continue, une fois élue députée européenne, à qualifier le Hamas de mouvement de résistance, à refuser de reconnaître l'assassinat des bébés Bibas sur une radio, à ostensiblement tordre les faits selon un prisme antisioniste, voire antisémite, c'est une nouvelle digue franchie et une exclusion définitive de ce mouvement politique d'un quelconque arc d'alliances à gauche. Il est impossible pour les socialistes de fermer les yeux sur ce qu'il s'est passé depuis le 7-Octobre.

Loin de ne l'appliquer qu'à la laïcité, les populistes se réclamant de la gauche radicale posent leur filtre déformant et réducteur sur tout et tout le monde. Avant d'être membre de la République, une femme serait d'abord une femme, un noir un noir, une catholique une catholique. L'individu se trouve chaque fois réduit à sa plus petite caractéristique, au plus petit dénominateur le qualifiant, empêchant, par là même, d'élargir nos communs pour faire République ensemble. Dans ces esprits étriqués, vos aspirations seraient forcément différentes, voire opposées à celles de votre voisin d'un genre, d'une religion, d'une origine distincte. Cette essentialisation est insupportable. Quelle vision riquiqui (pardonnez-moi la pauvreté du langage, mais la sonorité du mot rend parfaitement compte du ridicule, vous ne trouvez pas ?) et fausse ! Personne ne peut considérer qu'une seule donnée est suffisante pour se définir. De grandes valeurs peuvent nous rassembler, inclusives et universalistes, même quand certains détails nous différencient.

La laïcité casse les oreilles (mais pas les cœurs)

Les quartiers du Nord-Est parisien sont un bel exemple de notre capacité à vivre ensemble indépendamment de nos différences. L'école maternelle qu'a fréquentée mon fils comptait des enfants d'à peu près toutes les couleurs de l'arc-en-ciel. À l'époque, les enseignants avaient décidé d'organiser une fête de la Laïcité. Ils ont fait travailler les enfants sur les notions de liberté, d'égalité et de fraternité. Tous les parents ont été invités à écouter une chanson, tout en cacophonie de nos jeunes chanteurs, sur le vivre-ensemble. Ce n'était pas la chanson de l'année, mais c'était tout à fait nécessaire pour les esprits de nos petits citoyens en devenir.

Fort heureusement, pas besoin de voix de crécelle pour défendre la laïcité. Il nous faut avant tout des voix courageuses. Chez les socialistes, il s'agit par exemple de la voix de Karim Bouamrane, maire de Saint-Ouen à la peau teintée par des origines marocaines. Surnommé l'« Obama de la Seine-Saint-Denis » par le quotidien allemand *Die Welt* après qu'il a remporté les municipales, il a rétorqué qu'il n'avait pour seul point commun avec l'ex-président américain que le fait d'être gaucher. La laïcité est une protection puissante des libertés individuelles, une garantie de préservation des communs et une assurance de respect pour les citoyens.

6

La gauche est-elle laxiste ?

La gauche, permissive ? Voilà un contresens découlant d'idées reçues et d'une profonde méprise sur la vision socialiste de la sécurité. Détricotons cela ensemble.

Tout d'abord, il faut que les choses soient claires : il n'y a pas d'un côté la droite de l'ordre et de l'autre la gauche du bordel. Il n'existe pas, d'une part, des gens qui aiment que leurs quartiers soient propres et calmes et, de l'autre, des habitants qui désirent ardemment le bruit et le désordre. Vous savez ce que me disent les gens quand je suis Porte de Montreuil, un quartier très populaire de l'est de Paris ? « Sous prétexte qu'on est pauvres, vous ne venez jamais nettoyer ici ! Les petites racailles qui traînent dans la rue, les vendeurs à la sauvette… Vous les laissez là et c'est le bordel ! » Je suis régulièrement interpellée là-dessus. Le message est précis : mon quartier doit être propre, rangé, nickel.

La sécurité, c'est de droite ?

Quand j'étais députée, j'ai exercé mon droit de visite à la maison d'arrêt de Limoges. Ce n'est pas la pire des prisons. Pourtant j'ai été profondément choquée par ce que j'y ai vu. Certaines cellules mesuraient sept mètres carrés pour trois détenus. Deux lits superposés et un matelas au sol. On y mangeait à tour de rôle, parce qu'il n'y avait qu'une chaise pour s'asseoir. Lorsque l'un allait aux toilettes, les autres devaient se boucher les oreilles car tout se passait au milieu de la pièce. Tout était cassé. Les douches fuyaient et moisissaient. Des cafards partout. Comment considérer qu'après un passage ici quiconque puisse ressortir dans un état normal ?

Ce constat n'est pas un aveu de laxisme. C'est une preuve d'humanité. Je suis pour la punition. Mais la punition sans le respect de la dignité humaine ne peut générer que du malheur pour la société. Vu l'état de nos prisons, pleines et délabrées, il me semble nécessaire de réserver l'enfermement aux délinquants et aux criminels les plus sérieux. Par exemple, j'ai un avis très tranché sur les pédocriminels : je suis pour leur appliquer une peine de perpétuité réelle. Il faut traiter les crimes et la délinquance de façon plus globale et avec beaucoup de fermeté. Ce qui n'empêche pas de faire preuve d'humanité à l'égard des détenus (les plus à droite d'entre nous diront de naïveté, mais c'est ce qui fait le charme des socialistes, n'est-ce pas ?). Considérer que le droit à l'erreur existe, c'est de gauche. Considérer que nous avons tous en nous une fibre bonne (pour certains elle est définitivement bien cachée), c'est de gauche. Ça ne veut pas dire qu'il ne faut pas punir. C'est comme l'éducation : à mon sens, il n'y a pas d'enfant idiot ou méchant de fait, mais si un enfant se comporte mal, il doit y avoir une sanction et aussi une explication pour donner du sens à cette sanction. C'est comme cela que le collectif peut fonctionner. Le citoyen a le devoir de rendre des comptes ; il a ensuite le droit, en tant qu'être humain, d'avancer.

Après la maison d'arrêt, j'ai visité le service pénitentiaire d'insertion et de probation (Spip) juste à côté, l'unité de réinsertion et de lien avec les familles. C'est là que les conséquences de la prison deviennent visibles. Untel a pris trois mois et n'a pas su justifier une telle absence à son patron, alors il a perdu son emploi. Un autre a perdu son conjoint et son logement. La droite pense que quand tu fais une bêtise, un passage par la case prison va te faire du bien. J'entends d'ici les commentaires : « Ils l'ont bien cherché ! Ils n'avaient qu'à ne pas contrevenir à la loi ! » Malheureusement, les histoires de ceux qui quittent nos pénitenciers, bien souvent teintées de misère sociale, sont tristes. Rien de bon n'en ressort pour notre vivre-ensemble. La prison fabrique de la souffrance. La délinquance, ainsi punie, génère toujours plus de délinquance. Et tout le monde est perdant.

Il faut donc des punitions plus justes et mieux pensées si on veut qu'elles soient efficaces. Crier sur tous les toits qu'il faut construire toujours plus de prisons et se montrer sans pitié avec les délinquants ne sert à rien sans réflexion globale. Les travaux d'intérêt général, les bracelets électroniques avec limitation des déplacements et des horaires de liberté, les formations et sensibilisations sont autant de moyens utiles et nécessaires pour la délinquance du quotidien, permettant de réserver l'enfermement aux délits et crimes plus « importants » et aux récidives.

Quand on arrive en ville

La gauche a une responsabilité dans le procès en laxisme qui lui est fait. Les représentants du parti ont de moins en moins pris part aux débats sur la sécurité, considérant qu'il s'agissait de thématiques de droite, voire d'extrême droite. Quelle erreur. Il n'y a pas de joie ni d'élan à vivre ensemble sans calme et sentiment de sécurité. Rien de pire que de vivre avec, sous ses fenêtres, quinze gus qui sûrement ne font pas de mal, mais braillent, jouent et nous empêchent de dormir. Rien de plus insupportable que les attroupements sur un point de deal dans sa cage d'escalier ou en bas de son immeuble. Chacun doit se sentir libre de vaquer chez soi et dans son quartier en toute quiétude. Prétendre qu'il n'y a pas de sujet, ce n'est pas être de gauche, c'est être dans le déni. D'autant que ce genre de nuisances concernent principalement les quartiers les plus populaires et font principalement souffrir les plus modestes de nos concitoyens, renforçant, par là même, le sentiment d'abandon sur lequel ils nous interpellent.

Je suis partisane de l'ordre juste, comme de nombreux socialistes de ma génération, parce que nous côtoyons les problématiques de sécurité tous les jours dans nos rues. Je me souviens de nos débats de jeunes socialistes, aux idéaux encore vierges d'expérience de terrain. Certains disaient des choses du type « La police tue ». Des vrais gauchistes !

Quand je vois aujourd'hui certains de mes camarades de l'époque en responsabilité, je vois le chemin que nous avons parcouru.

Depuis qu'il est maire de Saint-Denis (93), Mathieu Hanotin a non seulement créé une police municipale, mais il est allé plus loin : il l'a armée. Une fois confrontés à la délinquance et à l'insécurité du quotidien, il n'y a plus de grands principes partisans. Il n'y a que des problèmes à résoudre et des idées à trouver. Et devinez qui s'y colle ? Les élus de terrain. Sur le problème de la sécurité, le laxisme n'a pas droit de cité, ni à Montpellier, ni à Saint-Denis, encore moins à Saint-Ouen, des villes tenues par des élus PS.

Dès le début de son mandat à la tête de Saint-Ouen, Karim Bouamrane a lui aussi pris les choses en main. Le 14 octobre 2020, il réunit un conseil municipal extraordinaire sur la sécurité. La situation de cette ville de Seine-Saint-Denis le requiert : depuis l'année précédente, les habitants du quartier des Docks sont excédés par les crissements de pneus de deux-roues chaque soir (quarante-trois résidents ont déposé une plainte collective). Ça deale, ça zone. Pour les riverains, c'est infernal. Ce jour-là, le maire annonce qu'il prend un arrêté anti-rodéos urbains, un autre anti-bruit et un dernier interdisant la circulation des mineurs après 22 heures. Karim Bouamrane lance également le recrutement de nouveaux policiers municipaux (en trois ans, les effectifs passeront de trois agents au début de son mandat à trente fin 2023). Endiguer l'insécurité, dira-t-il, passe aussi par plus de mixité sociale : il annonce de nouvelles politiques de lutte contre le décrochage scolaire et pour l'emploi des jeunes, quelle que soit leur origine sociale, familiale et culturelle. Tout cela sous les yeux bienveillants de la présidente de la région, Valérie Pécresse, aux idées pourtant bien éloignées du Parti socialiste. Fermeté et perspectives. Voilà le plan. L'un ne va pas sans l'autre. Punir sans rien proposer d'autre serait vain.

La mairie au secours de l'État

Si vous êtes né comme moi dans les années 1980, vous avez sûrement eu la chance de connaître les manifestations en famille. Les 1er-Mai entre copains, avec poussettes et porte-bébés. Les mômes qui marchent fièrement, main dans la main. Ce sont des images qu'on ne voit plus aujourd'hui. La manif n'est plus synonyme de convivialité et de détente. Je n'y emmène plus mes enfants et je reste concentrée, on ne sait jamais ce qui peut arriver.

Il y a un avant et un après Macron dans notre rapport à la police. En raison, d'une part, de la présence de groupuscules ultraviolents, qui étaient auparavant régulés par les services d'ordre des partis et syndicats (dorénavant réduits à peau de chagrin) et sont désormais libres de bordéliser les fins de manifestations. En raison, d'autre part, d'une politique de maintien de l'ordre beaucoup plus répressive. Quand je vois un policier, j'ai presque peur. Ce n'est pas normal. Récréer du lien entre les forces de l'ordre et la population est devenu urgent. La police devrait d'abord être un service public. En 2003, Nicolas Sarkozy disait : « La police n'est pas là pour organiser des matchs de rugby dans les quartiers mais pour arrêter les délinquants ! » Une façon de ridiculiser la police de proximité de Lionel Jospin. C'était pourtant une époque bienveillante, de confiance et de respect entre policiers et citoyens. Un modèle que beaucoup devraient suivre de nos jours.

Lors de la création de la police municipale parisienne, en 2021, je n'y étais pas favorable par principe. Installer une police municipale, c'était accepter de pallier le désengagement de l'État sur les questions de sécurité. Mais ceux qui souffrent le plus du sentiment d'insécurité et des incivilités du quotidien sont les quartiers populaires et les personnes les plus précaires. Une vraie rupture d'égalité républicaine sur ce sujet-là se creuse, dont les gouvernements libéraux comme celui d'Emmanuel Macron ne tiennent pas compte. En tant qu'élus locaux, nous sommes confrontés aux demandes des habitants. Nous avons le nez dessus. Il était donc impossible de faire mine d'ignorer les problématiques de sécurité de nos concitoyens.

Mon avis sur la police municipale a changé quand j'ai vu les premiers agents à l'œuvre. La formation correspondait à mes valeurs, avec un très haut niveau d'exigence dans la manière d'aborder l'autre, d'être tourné vers son bien-être. À Paris, on dit bonjour et on vouvoie les gens. Ça vous paraît basique ? Certains policiers nationaux n'ont plus cette courtoisie. Un des modules de formation le plus demandé, par exemple, est celui de la langue des signes française, et la liste d'attente est longue. Voilà qui démontre l'ouverture d'esprit de notre police parisienne mais aussi les vertus d'une police de proximité bien formée. Surtout, nos agents permettent à des gens qui l'avaient perdu de renouer avec le sentiment de sécurité. En luttant contre les incivilités du quotidien, les nuisances et les dégradations, les policiers municipaux offrent aux administrés une ville rangée. Ce n'est pas une pensée de droite, c'est une condition essentielle pour se sentir bien dans son quartier, dans sa ville.

7

La gauche est-elle mal à l'aise avec le sujet de l'immigration ?

Le 14 octobre 2023, le corps d'une collégienne de 12 ans, Lola, est retrouvé dans une malle dans le 19e arrondissement de Paris. La principale suspecte est une Algérienne de 24 ans, sans antécédent judiciaire, arrivée légalement en France en 2016 mais sous le coup d'une obligation de quitter le territoire français (OQTF) depuis deux mois. L'extrême droite se déchaîne. « Les OQTF ne sont pas appliquées ! Il faut interdire tous ces étrangers, ce sont des criminels ! » Elle crie au laxisme des pouvoirs publics. Le sujet est tellement sensible – la mort d'une enfant – que plus personne ne s'écoute parler. La gauche, elle, ne se risque même pas dans le débat. A-t-elle tort ?

Dans ce contexte explosif, je suis invitée sur le plateau d'une chaîne d'information.

L'invitation a un potentiel polémique bien plus important que celle de KTO. Il ne faut pas se planter. On se réunit avec mon équipe. Si je dis qu'il faut prendre le temps de réfléchir, laisser la justice faire son travail ou ne pas faire de généralités, que va-t-on me rétorquer ? « À gauche, vous êtes laxistes, vous laissez entrer tous les immigrés ! Et vous ne punissez pas les criminels ! » Je songe à décliner, mais je ne veux pas laisser toute la couverture à la droite. Par résilience ou inconscience, je décide d'y aller. Sur le plateau de BFMTV, je tente de faire preuve de recul. J'explique que les critères d'origine géographique comptent moins dans la délinquance et la criminalité que les ressorts sociaux. Être immigré, c'est souvent vivre dans des quartiers plus ghettoïsés, pointer plus que les autres au chômage et cela a des conséquences. Je n'excuse rien, j'essaie de faire entendre une parole publique et politique plus nuancée. Ce jour-là, mon discours mesuré et moi-même sommes bien seuls sur le plateau, les autres invités, plus radicaux, remportent la mise. L'extrême droite tente et tentera toujours de ramener les individus à leurs origines, vraies ou supposées, à considérer que les faits de délinquance sont principalement liés aux étrangers, à vouloir littéralement trier nos concitoyens en fonction de ces critères nauséabonds. Ne nous y trompons pas : pour eux, un Français ayant un nom à consonance étrangère sera toujours un Français différent, issu de l'immigration, quand bien même sa famille est installée en France depuis plus de quatre ou cinq générations.

Quand il est question d'immigration, la gauche n'est plus audible. Depuis plus de vingt ans, nous avons cessé de nous positionner sur les sujets considérés comme « de droite ». Forcément, les autres se sont sentis légitimes à nous traiter de « dilettantes ». Aujourd'hui, rares sont ceux au PS qui mettent ce sujet sur la table. Il est temps que les choses changent. Moi, Lamia El Aaraje, je suis fière d'être française. Je tiens beaucoup à mon identité. Je dirais même que je me définis comme patriote. Ça vous choque ? C'est sûrement parce qu'à gauche nous avons pris l'habitude de ne plus le dire. Le drapeau, l'hymne, *Liberté, Égalité, Fraternité*, de nos jours, ça fait un peu facho.

Accueillir

21 avril 2002. Jean-Marie Le Pen arrive au second tour de la présidentielle. Lionel Jospin est relégué en troisième position. Onde de choc dans tout le pays, et bien sûr dans les rangs du PS. À partir de cette élection, le thème de l'immigration écrase le débat public. Plus le Front national, devenu en cours de route le Rassemblement national, progresse, moins les socialistes osent prendre la parole sur une thématique mise à l'agenda par un autre parti. C'est ainsi que tout le monde s'est mis à croire que si nous ne parlions pas d'immigration, c'est que nous étions d'accord pour que quiconque vienne s'installer en France, sans régulation aucune. Ce préjugé est faux. Pour saisir la vision socialiste de l'immigration, il faut partir, une fois encore, du terrain.

En janvier 2024, le pays connaît une vague de froid. Pendant trois semaines à Paris il fait du moins 5 degrés dans les rues. Sur le parvis de l'Hôtel de Ville attend une famille de sans-papiers, un couple et ses trois enfants : 5 ans, 3 ans et un bébé de 3 mois et 4 jours. Les services de la direction des solidarités alertent.

Un nourrisson de 3 mois ? On lance la procédure d'urgence, on appelle la préfecture. À l'autre bout du fil, un fonctionnaire nous répond que la procédure d'urgence s'applique aux enfants jusqu'à 3 mois. Celui-ci a 3 mois et 4 jours. Il est bien trop vieux ! Cette famille n'est donc pas prioritaire. Merci, au revoir. La préfecture raccroche, avec la fierté de ceux qui respectent les règles. Nous nous retrouvons avec cette fratrie, et d'autres, des dizaines et des dizaines de familles qu'on ne peut pas laisser dehors.

Qu'est-ce qu'on a fait, à votre avis ? Les salles de classe du lycée Suzanne-Valadon, fermé par la région, ont été transformées d'urgence en chambres, les anciennes toilettes en cabines de douche. On a ouvert nos gymnases, nos écoles. On a même fait dormir une famille dans une loge de gardien d'école. S'il y avait eu un incident, le maire d'arrondissement aurait dû assumer la responsabilité pénale. Mais que pouvions-nous faire ? Et si ça avait été mes enfants ? Ou les vôtres ? En plein débat sur le sujet, Anne Hidalgo a pris la décision de ne pas appliquer la préférence nationale. Entre une famille et une autre, comment choisir laquelle mérite davantage d'être mise à l'abri ? Les généralités de l'extrême droite témoignent du manque d'expérience et parfois du manque d'humanisme de ses élus. Se trouver littéralement devant des gens qui souffrent, c'est autre chose.

C'est ce qu'a vécu Stéphane Ravacley, un artisan-boulanger de Besançon qui ne se savait pas engagé ailleurs que dans son fournil. Il avait simplement embauché Laye, un sans-papiers guinéen qui voulait apprendre le métier, et s'y était attaché. Quand ce gamin, brillant à l'école, à l'utilité sociale évidente pour les Français (il apprenait l'art du pain !), s'est retrouvé menacé d'expulsion, Stéphane Ravacley a démarré une grève de la faim qui l'a propulsé devant les caméras de toutes les télévisions du pays. Depuis, il a embrassé une carrière politique au Parti socialiste.

Pour aborder le thème de l'immigration, il faut le faire avec expérience, réalisme et humanisme. Nul n'abandonne son pays, ses origines, ses parents, sans une raison impérieuse qui dépasse l'attachement à ses racines. Nul ne s'exile par pur plaisir – d'autant plus quand on sait qu'on arrive dans un environnement hostile, sans papiers, où l'on n'est pas le bienvenu. Nul ne met sur un bateau ses enfants qui ne savent pas nager dans l'espoir de venir se la couler douce en France, voler les allocations familiales des

Français ou se faire injecter du Botox financé par l'aide médicale d'État. Ça n'existe pas. Voilà ce que j'ai appris de mes années en tant qu'élue. Les gens qui viennent en France fuient la misère, la guerre, les règlements de comptes, les mœurs incompatibles avec ce qu'ils sont. Ce sont des homosexuels qui risquent la mort, des femmes qui fuient la lapidation ou l'excision, des citoyens du monde venus chercher travail, perspectives et avenir meilleur. Notre responsabilité humaine est de proposer des solutions. Je ne dis pas que l'immigration en France ne doit pas être régulée, accompagnée, sécurisée. Mais soyons avant tout humain dans notre façon de regarder en face ces familles sur le parvis, dans la rue et les problèmes que cela pose. Ainsi, nous pourrons faire mieux que par le passé.

Intégrer

Un jour, mon fils rentre de l'école. C'était pendant la campagne présidentielle de 2022. « Maman, si Zemmour gagne, nous, les marrons, on va devoir rentrer chez nous ? » Je bloque un instant : « Comment ça… "chez nous" ? » Mon fils : « Bah… au Maroc ! » Pour votre information, mon fils est né dans le 12e arrondissement, il a grandi à Paris, il n'y a pas plus parisien que lui. Ses mots me heurtent profondément. Malgré les informations sur sa carte d'identité, malgré son quotidien parisien, dans un arrondissement cosmopolite et les yeux que nous lui faisons porter sur le monde, Camille a intériorisé qu'il n'était pas aussi français que les autres, parce qu'il a une autre nationalité ou des origines diverses (notons qu'il a demandé si nous devrions retourner au Maroc et non pas dans la Creuse, d'où est originaire mon mari).

Résoudre le défi de l'immigration au présent requiert d'observer nos erreurs passées. La France subit aujourd'hui l'échec de l'intégration de ses précédents immigrés et ça vire au racisme pour leurs descendants. J'en ai marre qu'on parle des « enfants issus de l'immigration » quand il s'agit de la troisième ou de la quatrième génération de Français nés en France. D'autant que ces périphrases s'emploient pour les Arabes et les Noirs uniquement. Jamais pour les Italiens ou les Portugais, qui ont pourtant représenté une immigration massive en France au cours du xxe siècle. Le problème, c'est que la France a échoué à intégrer certains de ses immigrés. Et l'immigration sans l'intégration ne fonctionne pas.

Tout d'abord, attention à ne pas confondre intégration et assimilation. Il est illusoire de vouloir gommer ce que sont les gens. Ce n'est ni possible ni souhaitable tant les différences nous enrichissent. Dans ses traditions culinaires, dans ses façons de faire société, de prendre soin de ses enfants, de vivre ensemble, tout immigré a quelque chose à nous apprendre. Tout comme nous, Français, avons des choses à transmettre. L'intégration, c'est accepter que l'autre vienne d'ailleurs et ne soit pas comme nous. Pour celui qui arrive sur notre territoire, c'est prendre connaissance des lois de la République et les respecter. Les OQTF, si elles sont justes, doivent être appliquées.

Maintenant que les choses sont posées, j'aimerais appuyer mon propos sur l'intégration ratée par une rencontre que j'ai faite quand j'étais étudiante à Limoges. Ça se passe sur la ligne 10, celle qui va de la gare à la faculté de médecine. Des gamins montent dans le bus. Ils s'installent, prennent toute la place et surtout parlent très fort en arabe. Bref : ils emmerdent tous les passagers. Ce qui m'intrigue, c'est que je ne comprends rien à leur langage. J'arrive du Maroc et l'arabe est une de mes langues maternelles, ça ne devrait pas être si compliqué ! Mais leurs phrases sont alambiquées, aux constructions décousues. De plus, ils mélangent de l'algérien avec du marocain et du tunisien. Agacée, je vais leur faire la leçon – dans un arabe impeccable, ça va sans dire. Ça n'a pas moufté, ils m'ont donné du « madame » !

En discutant avec eux ensuite, j'ai compris que ces jeunes étaient complètement paumés. En France, où ils étaient nés, on les considérait comme des étrangers. Mais dans le pays dont leurs aïeux étaient originaires et où ils visitaient régulièrement de la famille, c'étaient aussi des étrangers. Ils vivaient donc dans le repli de ceux qui doivent se forger leur propre identité, sans sentiment d'appartenance à une nation. Voilà qui donne des gens qui ont le sentiment de n'être chez eux nulle part et qui parlent, de surcroît, un vieil argot frelaté, agglomérat de tous les dialectes concentrés là, entendu dans les quartiers où ils vivent. Même une langue d'origine, ils n'en ont pas vraiment. Dans ces cas de figure, le sentiment d'exclusion, de non-intégration n'est jamais très loin. Et c'est là que le fondamentalisme religieux vient faire son lit.

Ces jeunes du bus sont, comme tant d'autres, les enfants des vagues d'immigration successives qu'a connues la France. Cette construction-là fait partie de notre histoire française. Ce devrait être une richesse pour notre pays, mais c'est encore un échec pour beaucoup de descendants d'immigrés qui se sentent définis et jugés par leur couleur de peau plus que par leur pièce d'identité. Je ne cherche d'excuses à personne, j'analyse le passé pour ne pas reproduire les erreurs déjà commises. L'immigration sans l'intégration ne fonctionne pas. Et l'intégration n'est pas une incantation, c'est un projet politique et un modèle de société à choisir : les mêmes chances à l'école, le même accès aux services publics, le refus des discriminations, l'éducation des citoyens qui pensent encore que la couleur de peau ou les origines sont un motif de rejet valable. Il ne faut pas oublier que l'histoire de l'immigration est intrinsèquement liée à l'histoire française. En 2023, en France, 10,7 % de la population est issue de l'immigration[1]. Il faut arrêter de penser qu'il est préférable (et possible) de fermer les frontières.

---

1. Insee, « Population immigrée et étrangère en France. Données annuelles de 1921 à 2023 » (août 2024).

Voilà pourquoi la République doit être laïque et sociale.

Rayonner

En plus d'être le bourreau, la France est aussi la première victime de la xénophobie qui y persiste. En 2023, j'emmène mon fils faire un stage de surf dans un club de Rabat. Tous les petits Marocains présents auraient pu être mes copains de classe de l'époque, sauf qu'il y avait une différence majeure : entre eux, ils ne parlaient plus français comme à mon époque, mais anglais. Surprise, j'en discute avec une amie du collège à qui je rends visite après avoir déposé Camille. Elle m'explique que les jeunes issus des familles aisées du Maroc ne vont plus à l'école française désormais, mais à l'école américaine. De la même manière, son mari, marocain lui aussi, voyage régulièrement pour le compte de son entreprise en Europe, mais à Londres, à Bruxelles ou à Madrid – quasiment plus jamais à Paris.

Dans son roman *La Poule et le Cumin*, l'écrivaine franco-marocaine Zineb Mekouar explique l'impact de la circulaire Guéant sur le rayonnement de la France. Publié le 31 mai 2011, le texte restreint l'accès des étudiants étrangers diplômés au marché du travail français. Une fois leurs études terminées, les étrangers hors Union européenne devaient entamer un parcours administratif du combattant s'ils voulaient espérer obtenir un titre de séjour français. On applique à l'emploi la fameuse préférence nationale. Du jour au lendemain, ce qui était jusque-là une simple formalité demande des heures de patience (et, je dirais, d'humiliation) dans les queues des préfectures. Rajoutez à cela des années de destruction des relations diplomatiques et amicales entre la France et le Maroc menées avec une forme d'acharnement par Macron ; le phénomène n'a fait que s'accentuer. Ça a provoqué une onde de choc chez beaucoup de jeunes Marocains. « Si vous ne voulez pas de nous, nous irons ailleurs. » C'est ainsi que toute la jeune bourgeoisie marocaine s'est tournée vers la London School of Economics ou vers HEC, à Montréal ou à Lausanne. Arrivés au pouvoir, les socialistes ont abrogé la circulaire, un an après jour pour jour, mais le mal était fait.

La radicalisation des discours de droite sur l'immigration en France a un impact sur ceux qui les écoutent hors de nos frontières. La France et les Français ne peuvent pas espérer briller ni prospérer économiquement s'ils assument une politique et des propos xénophobes. Parmi les habitants de la capitale, 30 % seulement sont nés à Paris, les autres ne sont pas des Parisiens d'origine. Sur l'ensemble des résidents, 25 % sont nés à l'étranger. Paris compte près de 120 nationalités différentes. Et vous savez quoi ? On ne vit pas dans la peur de nos voisins parce qu'ils sont noirs ou cuisinent du mafé. Le grand remplacement est un fantasme paranoïaque. Nos cantines scolaires proposent régulièrement des plats du monde, qui ravissent les papilles de nos mômes tout en leur permettant de partager avec l'un de leurs camarades d'école la gastronomie qu'il peut connaître à la maison, nos enfants grandissent ensemble à l'école publique, apprennent à partager et à vivre ensemble.

8

Radicaux, ennuyeux et utiles : la recette à gauche pour une meilleure justice écologique ?

Paris 20e, cour extérieure d'un logement social. Une femme sort de l'immeuble et rejoint un petit groupe d'habitants. « Bonjour, désolée du retard, je suis la référente compost ! » lance-t-elle. C'est un grand jour, car aujourd'hui a lieu l'installation du fameux bac à compost dans la résidence. Pour l'occasion, un maître-composteur est là afin d'expliquer les règles de bon fonctionnement de ce nouvel outil : les épluchures de légumes, dans le bac ; les coquilles d'œuf et les agrumes, pas dans le bac ! Studieux, les résidents prennent des notes.

« La mairie de Paris fait vraiment venir des maîtres-composteurs pour former les gens ? » me demandent un jour mes amis effarés et écroulés de rire au récit de cette scène véritable à laquelle j'ai assisté il y a quelques mois. À Saint-Paul-en-Forêt (83), où ils vivent, on trie ses déchets, on fait son compost dans son jardin et on n'en fait pas tout un plat. « Les Parisiens, c'est le summum du délire ! me disent-ils. Vous êtes tellement déconnectés ! »

L'image du citadin, traînant sur l'épaule son sac de courses bio en toile de jute, nourrit l'idée que les Parisiens font de l'écologie comme les enfants jouent à la marchande et que les ruraux paient (littéralement) les pots cassés des politiques environnementales décidées par les villes. Et pourtant, même si les citadins peuvent sembler déconnectés des réalités environnementales, n'oublions pas que 60 % des gens vivant à Paris ont grandi en milieu rural (pas si déconnectés), et sont extrêmement attachés aux espaces verts et à la faune de leur quartier. Cela peut faire sourire, mais en juillet 2023 l'abattage d'un arbre dans le 6e arrondissement avait provoqué une vive émotion. Sur Twitter, certains publiaient des photos ultrazoomées de l'écorce, montrant bien que, vu la couleur de la sève, le paulownia n'était manifestement pas bien entretenu. Des internautes bien renseignés y allaient de leurs remarques et de leurs conseils pour mieux entretenir à l'avenir les paulownias (mais qu'est-ce qu'un paulownia ? me disais-je alors, dans ma grande inculture en dendrologie).

Mais si certains citadins donnent l'impression d'en faire trop, c'est que l'urgence de mieux respirer concerne surtout les zones à forte densité de population, polluées et bétonnées. La tendance serait plutôt, en ville, à jalouser l'air pur des campagnes. En témoignent les néoruraux qui s'y installent et quittent la ville pour un village. Cela n'empêche pas le préjugé de circuler : isolation des passoires thermiques, hausse des taxes sur les carburants, limitation du recours aux pesticides... il y aurait les contents et les autres, ceux qui en bénéficient (les bobos, les riches) et ceux qui paient le prix des réformes (les territoires, les plus modestes). En somme, les pour et les contre. Mais la réalité, comme toujours, est faite de bien davantage de nuances.

L'oxymore vert

En 2013, des milliers de Bretons s'équipent d'un bonnet rouge pour aller protester contre le projet d'« écotaxe poids lourds ». Issue du

Grenelle de l'environnement de 2007, l'idée était de faire financer par les transporteurs une partie de l'entretien des routes et du développement du fret ferroviaire, sur le principe pollueur-payeur. Opposée au projet, Ségolène Royal, alors ministre de l'Écologie, assure défendre, elle, une « écologie non punitive ». Ces mots auront un impact considérable sur les années suivantes. Depuis, toute action volontariste menée en matière d'environnement est considérée comme répressive. Ségolène Royal enterra peu de temps après le projet, sans états d'âme.

Plus de dix ans plus tard, l'oxymore est encore repris sans scrupule, tel quel ou sous d'autres formes lexicales, par la droite et l'extrême droite. C'est l'« écologie soupçonneuse » d'Éric Zemmour, les « khmers verts » de Marine Le Pen, l'« écologie punitive et antisociale » de Valérie Pécresse. Un tel usage de la langue française devrait être verbalisé par l'Académie. Par définition, l'écologie n'est pas une punition. Faire de l'écologie, c'est s'inscrire parmi les vivants en se reconnectant à une planète que nous avons contribué à essorer. Tout le monde a le droit de bien manger. Manger bio ne devrait pas être une lubie de bobos, ce devrait être la norme. Réduire les pesticides dans nos cultures n'est pas une punition pour les agriculteurs, mais une bénédiction collective. Consommer mieux, respirer mieux, être plus en adéquation avec son environnement, voilà l'écologie.

Malgré mes discours, je ne suis pas aussi naïve (nous arrivons à la fin de ce livre, j'espère que vous commencez à vous en rendre compte). Il est clair que les bonnets rouges et autres réfractaires aux réformes vertes craignent qu'on fasse peser sur les plus précaires (économiquement, j'entends) le coût du changement climatique. Je suis de gauche, je ne peux qu'entendre cet argument. C'est pourquoi le mot idoine qu'il faut apposer à l'écologie n'est pas celui de « punition », mais de « justice sociale ». L'écologie ne sera plus vue comme punitive le jour où elle sera juste.

Le 26 janvier 2024, en pleine mobilisation d'agriculteurs étouffés par les normes administratives et l'explosion des coûts de l'énergie, le Premier ministre de l'époque, Gabriel Attal, vient faire des annonces dans une ferme de Montastruc-de-Salies (31). Assis sur une botte de paille, Attal est entouré d'une foule mi-technos venus tout droit des ministères mi-paysans présents car chez eux, mais assurant bien malgré eux la crédibilité de la séquence de com de Matignon. Devant une telle mise en scène télévisuelle, je me dis qu'on est complètement à côté de la plaque.

Les fermes sont le cœur nourricier de notre pays. Avec l'industrie, les agriculteurs sont les seuls capables d'accompagner la transition écologique dans nos assiettes, ils nourrissent nos gamins et nous ne sommes pas foutus de les accompagner. J'ose dire « nous », car les socialistes aussi ont une responsabilité. Jusqu'en 2017, le PS portait des ambitions agricoles importantes et une réflexion de fond. Notre commission agriculture, dirigée alors par l'actuel président du département de la Dordogne, Germinal Peiro, développait une vraie vision : « Cessez de faire culpabiliser les agriculteurs, disait-elle, vous voyez bien que certaines injonctions de la PAC sont aberrantes ! » Aujourd'hui la commission existe encore, mais plus rien ne s'y passe. Et sans le PS pour rassembler les citadins fous, les agriculteurs fatigués et les ruraux désabusés (je caricature volontairement), il ne peut y avoir de justice écologique.

La question de la soutenabilité de l'agriculture et de sa transition vers une agriculture plus respectueuse des sols et de la nature ne peut pas être qu'un débat de ruraux. Nous mangeons tous ce que produisent les agriculteurs, et je me sens personnellement éminemment concernée par les choix faits en région.

Sur le volet agricole, je vois quatre grands sujets. D'abord, il y a le rapport à l'Europe et comment la politique agricole commune (PAC) devient un outil d'accompagnement plutôt que de contraintes. Il faut arrêter d'imposer aux agriculteurs des règles aberrantes en contrepartie de financements. Ensuite, nous devons mener une réflexion sur le modèle agricole que nous souhaitons. Nos petites exploitations sont en train de crever quand les énormes fermes gérées par les industriels brassent tout l'argent de la profession, il n'y a rien de juste là-dedans. Le troisième point concerne l'utilisation de produits phytosanitaires : réintroduire les néonicotinoïdes et le glyphosate est une aberration. La transition est longue, mais elle peut réussir à condition, comme pour les services publics, qu'on y mette des moyens. Ce n'est plus une question de rentabilité économique, c'est une question de viabilité sanitaire. Enfin, parlons de la rémunération des producteurs. Je ne comprends pas que, sur le kilo de tomates que j'achète, une vingtaine de centimes seulement reviennent à l'agriculteur. Le mieux serait de faire ses courses directement sur l'exploitation mais à Paris et dans les grandes villes, c'est loin d'être simple. Sur cette question, je prône une intervention plus importante de l'État.

« Ah, mais revoilà la gauche de la morale ! » J'entends d'ici la petite musique qui revient sans cesse aux oreilles de ceux qui proposent une rupture. Ça me rappelle la colère des Marocains quand la ceinture de sécurité est devenue obligatoire (en France, on a réagi de la même façon). Plus récemment, Marisol Touraine a connu une opposition similaire avec ses mesures anti-tabac. Les électeurs veulent du changement, ils ont raison, mais cela s'accompagne souvent d'un sentiment de renoncement. Qui ose donc restreindre ma liberté ? Pendant mes études de pharmacie, j'ai beaucoup travaillé sur ce concept en santé publique : le rôle du responsable politique est de proposer un cadre collectif où chacun trouve sa place. Comment, en tant qu'élu, je prends une décision bénéfique pour le plus grand nombre quitte à donner à quelques-uns le sentiment d'être entravés. C'est une évaluation délicate, mais nécessaire. À défaut, les populations souffrent et les politiques se voient bientôt reprocher leur inaction.

Les gourous (fiables et chiants) de la transformation

Jusqu'à récemment, l'écologie en restait au stade de matière à penser. Dire ce qui est bon pour l'environnement est simple ; le mettre en œuvre, une autre paire de manches. Fort heureusement, les socialistes ont une certaine expérience dans le domaine. Pour les novices, voici donc la recette d'une écologie appliquée aux contraintes de la vie publique. Attention, c'est très technique.

Prenez votre idée d'apparence complètement folle. Acceptez ensuite de passer pour un idéaliste déconnecté. Mettez vos baskets et partez pour le marathon de la faisabilité du projet. Dans votre course, croisez les habitants, les journalistes, les députés ou les conseillers de votre département. Et tout cela, au nom non pas de la rentabilité, mais du bien-être. N'oubliez pas de respirer tout au long du processus.

Quand la ville de Paris a décidé de fermer les voies sur berge le long de la Seine à la circulation, la rupture proposée était radicale. Toutes les oppositions nous ont tapé dessus. Nous avons été traînés devant le tribunal administratif. Après avoir perdu en première instance, il a fallu continuer la bataille en appel. Nous avons convoqué tout un tas de génies juridiques pour convaincre qu'il était possible d'imaginer Paris sans une autoroute urbaine en son sein pour nous encrasser les poumons. Aujourd'hui, les quais de Seine sont le premier parc sportif parisien. Les gens y emmènent leurs enfants jouer le week-end. Les jeunes y font des apéros aux beaux jours. Il y a le dispositif Paris Plages l'été. C'est gratuit. C'est extraordinaire.

Plus personne (sauf Rachida Dati) n'imaginerait revenir au modèle précédent. Comme la plupart des politiques environnementales, la piétonnisation des voies sur berge s'inscrit dans un cercle vertueux. Plus vous investissez pour un environnement sain, plus votre lieu de vie est en accord avec la nature et mieux se portent votre corps et votre esprit.

Comme les socialistes ont accepté d'être ennuyeux, leur force est de savoir lancer des chantiers utiles. Il y a le réseau de covoiturage du quotidien proposé par la Métropole Rouen Normandie, avec des stations spécifiques sur certaines routes. L'écologie du réel, c'est aussi le train à 1 euro sur tout le réseau Occitanie un week-end par mois et lors des pics de pollution, lancé par la présidente de la région, Carole Delga. Dans tous les territoires, la social-écologie est à l'œuvre : François Rebsamen (ex-PS) dans sa lutte contre les déchets à Dijon, et Stéphane Le Foll, actuel maire du Mans et ministre de l'Agriculture sous Hollande, avec ses 21 millions d'euros d'investissement pour le développement de l'hydrogène. À Paris, c'est le travail avec un réseau de producteurs locaux, respectueux des sols, pour notamment approvisionner nos cantines.

Pour autant, la gauche des villes aurait-elle oublié la gauche et l'écologie des champs ? Cette opposition permanente entre urbains et ruraux, entre enjeux écologiques et enjeux agricoles, entre préservation du vivant et préservation des revenus du capitaux n'a aucun sens. Il n'y aura aucun avenir si nous n'avons plus de planète, il n'y aura aucun futur pour nos enfants s'ils ne peuvent plus respirer, il n'y aura pas de qualité de vie demain si nous sommes tous tués par les dérivés chimiques et cancérigènes. Voilà notre réalité et notre impératif. La préservation de notre environnement passera aussi par une réconciliation entre urbains et ruraux sur la question de l'écologie. C'est la condition pour pouvoir mener une réflexion nationale efficace. Quel que soit le lieu d'habitation, le niveau de revenu ou les origines, en matière d'écologie nous serons tous gagnants ou tous perdants. Encore une fois, nous voilà dans le même bateau. La seule punition serait de ne rien faire contre le dérèglement climatique.

Le Parti socialiste a une responsabilité majeure sur ce sujet : il est celui qui incarne le plus, aujourd'hui, à l'échelle locale, la mise en œuvre de la transition écologique en lien avec la justice sociale. Nous sommes les écologistes à l'œuvre de la transformation et de l'adaptation de nos territoires au changement climatique. À l'échelle nationale, cette mue doit s'opérer : le PS doit être social-écologique ou ne sera pas.

9

La gauche est-elle toujours démocratique ?

Dans sa conception, le Parti socialiste est ultra-démocratique. Tout le monde donne son avis, sur tous les sujets et à toutes les échelles. Les adhérents votent pour élire leurs dirigeants en local (les sections), au niveau départemental (les fédérations) et au national (la direction), mais aussi pour choisir l'orientation politique du parti pour les prochaines années. Tout le monde peut s'exprimer et notre système, éprouvé depuis des décennies, fonctionne plutôt bien.

Le congrès de Marseille en 2023 a cependant démontré que ce système est fragile et que si nous voulons préserver ces valeurs démocratiques propres à la gauche, il nous faut parfois prendre garde à nos propres failles.

Le PS organise un congrès après chaque élection nationale (présidentielle et législative) et à mi-mandat du président de la République. C'est écrit dans les statuts. Ce moment, important, définit l'orientation politique du parti pour plusieurs années. Le congrès s'étale sur plusieurs semaines : on échange, on propose des idées et, à chaque étape, on vote. Tout socialiste ayant obtenu quinze parrainages des membres titulaires du conseil national peut proposer une contribution générale, c'est-à-dire une idée, une vision. Les contributions générales adoptées peuvent ensuite fusionner et devenir des textes d'orientation pour lesquels les adhérents votent aussi.

Le congrès de janvier 2023 a permis de dégager trois textes d'orientation : un texte dont le premier signataire est le premier secrétaire sortant, Olivier Faure ; un deuxième, porté par la maire de Vaulx-en-Velin, Hélène Geoffroy ; le dernier – dont je suis signataire –, par Nicolas Mayer-Rossignol, le maire de Rouen. Les trois ont été soumis aux votes des adhérents et ont recueilli respectivement 49,15 %, 20,34 % et 30,51 % des voix des adhérents. Comme Olivier Faure est arrivé en tête, nous avons décidé de porter une candidature commune avec le texte d'Hélène Geoffroy pour l'élection du premier secrétaire du PS. Les choses vont donc se jouer entre Olivier Faure et Nicolas Mayer-Rossignol. Ce sera serré, mais, avec les 20 % d'Hélène et sans aucune réserve de voix pour Olivier, on a une chance de l'emporter.

Vient donc le soir de l'élection. Je suis attablée avec le maire de Rouen dans un café du 12e arrondissement de Paris. Sur nos portables, nos observateurs nous remontent des informations de terrain. Et devinez quoi ? Dans plusieurs bureaux de vote, ça bidouille. Dans un département du Sud, on connaît une participation anormalement élevée. Dans un autre de région francilienne, l'adresse du bureau de vote qui a été communiquée aux militants envoyés en observateurs n'est pas la bonne. Dans un département du nord de la France, un bureau a été installé dans la salle où se tenait comme par hasard un discours du maire ce jour-là – on s'y fera avoir de 300 voix. Et ce ne sont que des exemples parmi d'autres.

De la triche, il y en a malheureusement toujours eu dans les congrès socialistes, mais dans le contexte politique que l'on connaît, avec l'émergence des populistes, il faut que nous soyons encore plus vigilants, irréprochables.

Est-ce donc un préjugé de penser que la gauche n'est pas démocratique ? Cela dépend de l'échelle de temps que l'on prend. Depuis sa création, le PS est un modèle, je l'expliquais au début du chapitre. Mais ces dernières années, cette démocratie s'est affaiblie. C'est l'un des enjeux des temps à venir : redonner force et vitalité à cette démocratie interne, au service d'un travail de fond visant à mettre en dynamique tous les progressistes, sur tous les territoires pour faire front à la vague brune qui menace, partout dans le monde. Lutter contre l'extrême droite, tenir face à l'internationale réactionnaire qui gagne du terrain partout, protéger la démocratie, voilà la responsabilité historique de la gauche. Voilà ce que ma génération va devoir affronter. Nous devons faire du PS un outil d'engagement au service des idéaux républicains et du pouvoir de vivre ensemble, mais aussi et surtout un outil de protection de la démocratie.

Le rapport à la démocratie d'un parti conditionne son rapport à la démocratie tout court. C'est la ligne de Léon Blum : s'il n'est pas démocratique lui-même, un parti n'aura pas la capacité de garantir la démocratie une fois aux responsabilités. La France vit pourtant un moment de tension qui nécessite que nous soyons particulièrement attentifs à nos valeurs politiques. Il y a des moments où la démocratie tangue et où il faut la choyer encore plus que d'habitude. C'est maintenant et le 81e congrès qui s'ouvre doit le prouver.

Au secours de la démocratie affectée

Les réseaux sociaux sont de merveilleux instruments de valorisation du travail politique. On y raconte ce que l'on fait, on donne à voir les réalisations, le quotidien et les ambitions que l'on porte. Pour autant, ce sont aussi des déflagrateurs de démocratie. En politique, les réseaux sont des outils de harcèlement, de complotisme et de *fake news*. Ils agglomèrent la folie des gens, à laquelle s'ajoutent des *bots* conçus à l'étranger qui cherchent à influencer l'opinion publique. Je pense notamment à l'ingérence étrangère de la Russie (rumeur des punaises de lit à Paris) et de la Chine (Raphaël Glucksmann accusé d'être le cheval de Troie de la CIA en Europe). Ces gens-là tronquent l'information et abîment la démocratie.

La démocratie sociale, un pilier de notre système républicain, souffre aussi des deux mandats d'Emmanuel Macron – c'est un euphémisme tant elle a éclaté sous sa politique. Nous l'avons vu avec la réforme des retraites : il a systématiquement refusé la discussion avec les syndicats, d'entendre la colère des manifestants et de faire évoluer sa position. Ces comportements affaiblissent la démocratie, car voilà ce que se disent les citoyens : « À quoi ça sert d'aller voter ? Nos opinions ne sont pas prises en compte. À quoi ça sert de manifester ? Notre président ne nous écoute pas. À quoi ça sert de croire en la démocratie ? Nos voix ne sont pas entendues. » Ajoutez à cela le manque criant d'indépendance de certains médias, l'affaiblissement des partis (je l'ai expliqué précédemment) et c'est le système démocratique tout entier qui est en danger. La gauche doit se montrer à la hauteur de ces enjeux actuels.

Heureusement, il existe un îlot politique de préservation de la démocratie : l'échelon local. Paris, comme d'autres villes socialistes, a un attachement très fort à la démocratie. On y compte une assemblée de citoyens tirés au sort, plusieurs assemblées représentatives (l'Assemblée des jeunes, l'Assemblée des Européens, etc.). On y forme des vœux qui sont ensuite soumis au Conseil de Paris et parfois votés. Parfois, la capitale va plus loin.

Dimanche 2 avril 2023, 103 084 personnes se sont déplacées vers les urnes pour donner leur avis sur les trottinettes en *free floating* : devions-nous les interdire ? Aujourd'hui, tout le monde a oublié le bazar qui régnait dans Paris : des trottinettes en vrac, jetées çà et là, des conducteurs aux comportements irresponsables voire dangereux. La réponse a été massive : près de 90 % des votants ont rejeté leur maintien dans la capitale. Là où le gouvernement et les fournisseurs (Uber, Lime, etc.) refusaient une régulation par la ville, la maire a laissé le choix aux concernés : « Faisons voter les Parisiens, je me plierai au résultat de leur vote. » Anne Hidalgo a tenu sa promesse : Paris est devenue la première capitale européenne à interdire ces trottinettes. À la décence et au respect, d'aucuns ont préféré la polémique. Dès le lendemain de la votation, certains en ont critiqué la faible participation. En pourcentage, il faut avouer que ce n'était pas énorme (7,5 %), mais n'allez pas me dire que 103 084 Parisiens faisant parfois la queue pour donner leur avis un dimanche, ce n'est rien ! C'est même bien plus représentatif qu'un sondage réalisé sur 1 000 personnes, commandé par un journal qui appartient à un milliardaire. Alors pourquoi les journalistes donne-t-il tant de crédit aux sondages et si peu à un vote comme celui-ci ?

Donner aux citoyens le pouvoir de choisir est une manière de renforcer leur lien avec l'institution. Déjà, c'est dire aux Français qu'ils ont le pouvoir d'agir concrètement pour leur quotidien. Et puis, partout où il y a du débat, de la discussion, il y a des votes et des consensus qui légitiment d'autant plus les décisions politiques. C'est le choix que nous faisons à Paris. Nous sommes une démocratie : ce ne sont pas les politiques qui décident d'un côté et les administrés qui subissent de l'autre. Cessons de prétendre l'ignorer.

10

Les gauches sont-elles irréconciliables ?

Tout part d'une réunion publique organisée le 15 février 2016 à Corbeil-Essonnes (91), fief du Premier ministre de l'époque. Devant 200 sympathisants socialistes, Manuel Valls annonce qu'il refuse l'organisation d'une primaire de la gauche au vu de la présidentielle du printemps suivant. Selon lui, mélanger les différentes mouvances de la gauche serait contre-nature. Les gauches seraient « irréconciliables ».

Cette idée, qui nous a poursuivis dans le temps et aujourd'hui plus que jamais, dans le post-Nupes et le post-Nouveau Front populaire, vaut d'être questionnée : une union de la gauche peut-elle exister ? Je ne vais pas vous retenir plus longtemps. La réponse est : un grand oui, évidemment ! Voilà, fin du chapitre.

Enfin, il y a une condition à respecter tout de même. Oh ce n'est pas grand-chose, mais ça mérite d'être signalé, au cas où des petits filous qui n'ont rien à y faire tenteraient de se glisser parmi nous. Pour faire partie de l'union de la gauche, il faut bien sûr *être de gauche*. Donc c'est d'accord pour le Parti socialiste, les Verts, les communistes évidemment, le PRG, la Convention de Bernard Cazeneuve et le mouvement politique de Raphaël Glucksmann, Place publique, très bien. Je crois que le compte est bon.

LFI n'est pas de gauche

Pensez-vous que le parti de Jean-Luc Mélenchon est un parti de gauche ? Premièrement, ce n'est même pas vraiment un parti. Légalement LFI ne compte que trois adhérents qui font la pluie et le beau temps. Eux ne s'embêtent pas avec des sections, des fédérations, des votes et des congrès. Les militants LFI forment une nébuleuse impossible à nommer, à compter, à consulter. Tout en haut de la pyramide, le chef suprême a droit de vie ou de mort politique sur les candidats qui se présentent sous sa bannière. Ça donne des purges comme celle de juin 2024, où des membres considérés comme trop critiques tels qu'Alexis Corbière ou Danielle Simonnet n'ont pas été investis pour les législatives. Sur les réseaux, Raquel Garrido, frondeuse honnie, avait expliqué la situation ainsi : « On me fait payer le crime de lèse-Mélenchon. » L'expression résume parfaitement le fonctionnement de LFI et son rapport (inexistant) à la démocratie.

Comment nous, héritiers de Léon Blum, pourrions-nous nous allier à ces gens sans principes, à ce mouvement sans transparence ni égalité ? Le Parti socialiste a connu des difficultés dans son expérience de la démocratie interne. Je l'ai partagé avec vous au chapitre précédent. Mais le système « Un homme, une voix » reste de mise. Personnellement, je dois beaucoup à ma section. Ce sont les militants qui votent pour moi et me donnent ma légitimité. Aujourd'hui, je suis à la tête de la fédération socialiste de Paris. Si je veux y rester, il va falloir que je convainque sur mon texte d'orientation d'abord et sur ma personnalité ensuite. Quand on est socialiste, il faut accepter qu'une investiture demande un investissement et un long cheminement pour convaincre les adhérents de voter pour vous.

L'autre point qui atteste que La France insoumise n'est pas de gauche est régulièrement explicité par le député PS de l'Essonne Jérôme Guedj. Lui appelle ça la « stratégie du bruit et de la fureur ». Rendre hommage au chef du Hamas, comparer le président de l'université de Lille au nazi Adolf Eichmann, traiter la journaliste Ruth Elkrief de « fanatique »... Les exemples de la conflictualisation permanente qu'organise LFI sont nombreux. Face à l'incompréhension à gauche, ils nous rétorquent que nous ne sommes pas assez radicaux. Fermons les yeux un instant et pensons à la transformation qu'a connue Paris ces dix dernières années. Qui peut considérer que ce n'est pas une transformation radicale sur la base d'une orientation politique radicale ? Quand Anne Hidalgo avance vent de face contre les lobbies de l'essence, la région Île-de-France, l'État, tous les réactionnaires qui lui expliquent qu'il ne faut pas fermer les quais de Seine, elle le fait quand même. N'est-ce pas radical ? Certes, elle n'a pas insulté tous ces gens ni créé un ballon avec la tête du P-DG de Total dessus... La radicalité se définit comme la capacité à changer les choses à la racine. Le réformisme que j'appelle de mes vœux dans ma formation et ma construction politiques se réclame du réformisme radical. Le fond doit être radical, pas la méthode ! LFI confond la radicalité avec la brutalisation de la vie politique. Ce n'est pas être de gauche. C'est prôner le chaos.

Dans l'enquête Ipsos réalisée après les législatives de 2024, 72 % des sondés estiment que LFI attise la violence et 69 % qu'elle est dangereuse pour la démocratie. Et nous continuerions à nous associer avec ces gens-là ? Il faudrait être fou ! Nous gagnerions, au contraire, à nous montrer à la société sous le prisme des idées et du travail, et non plus des bisbilles et de l'inféodation à La France insoumise.

Des assises de la gauche

Autant je refuse les accords signés au nom de tout un territoire par quatre dirigeants isolés, en général des hommes, autant je crois en l'appareil politique. Des appareils politiques puissants permettent de mener des campagnes fortes et structurées, de former des militants, d'attirer des talents, de faire émerger des personnalités et de sécuriser l'action politique locale à l'échelle du territoire. S'il fonctionne correctement, l'appareil politique est un outil précieux au service de la démocratie. C'est donc via l'appareil que je souhaite proposer à la gauche de se remettre au travail. L'idée est de lancer des assises de la gauche et des écologistes, qui associeraient les associations, les syndicats et les citoyens qui n'ont pas de carte mais souhaitent prendre part à la réflexion collective. Unir les progressistes face à la menace d'extrême droite. Il y aura des débats, il y aura des votes. Tout partira du local et remontera petit à petit à l'échelle du territoire tout entier. C'est ce qu'avait fait Lionel Jospin en 1995 et c'est ce qui a permis notre victoire aux législatives de 1997. Voilà la seule manière de repartir sur une base idéologique saine.

Avant, le PS allait de Dominique Strauss-Kahn, Michel Rocard, Jean-Christophe Cambadélis, à Benoît Hamon, Henri Emmanuelli, Emmanuel Maurel. Tous ces gens cohabitaient très bien parce qu'il existait au sein du PS un espace de débat, de pluralisme et une organisation militante qui permettait à tous ceux qui ne pensent pas la même chose mais se réclament du même socle de valeurs de faire ensemble un grand parti. Cela permettait d'élargir notre base électorale tout en ayant des positions intelligentes et nuancées. Au sein du même parti, il peut y avoir des gens qui défendent la retraite dès 57 ans pour certaines carrières, d'autres la retraite à 60 ans, la retraite à 62 ans, voire des gens qui défendent la retraite à 64 ans. En revanche, quand il s'agit de partager nos idées à l'extérieur, notre organisation et nos statuts garantissent une expression commune à l'issue du débat en bureau national. Et la démocratie l'emporte.

Quand j'invite les gens à adhérer au Parti socialiste, on me répond parfois « Oh non, moi je ne fais pas de politique ». Mais c'est faux : dans la vie, tout n'est pas partisan, mais tout est politique. Votre façon de prendre soin de vos enfants, c'est politique. Le lieu où vous faites vos courses, c'est politique. Le temps que vous donnez pour visiter votre petite voisine qui vit seule, le temps que vous donnez à une association et la répartition en général de votre temps est politique. La manière de parler à un agent d'accueil, pareil. Chacun de vos choix dit quelque chose de qui vous êtes et de l'idéal de société que vous portez. Travaillons ensemble à la construire.

Conclusion

Avant que la flamme olympique ne rejoigne la cérémonie d'ouverture des Jeux paralympiques, un dernier allumage de chaudron a lieu sur l'esplanade de l'Hôtel de Ville. Nous sommes le mercredi 28 août 2024, il est 18 heures. Pour participer à l'événement, j'ai convié cinq personnes. Autour de la vasque se trouvent donc Maxime Perez-Zitvogel, le fondateur de La Maison perchée, un lieu de rencontres autour des troubles mentaux ; Latifa Adoudi, présidente de l'association Les Battantes, des mères d'enfants handicapés qui luttent pour une meilleure prise en charge de leurs enfants et pour prévenir l'épuisement de ces familles souvent monoparentales ; Cédric Lorant, vice-président d'Unanimes, association représentative des personnes souffrant de déficience auditive ; Sylvain Nivard, président de l'association Valentin-Haüy, représentative des aveugles et malvoyants ; et Étienne Clément, du *Papotin*, rédaction composée de journalistes souffrant de troubles du spectre autistique. À quelques mètres d'eux, je peux voir leurs visages radieux. Ils sont en train de vivre un moment unique. Je reçois leur fierté et leur joie en pleine figure. Ça m'émerveille. Ce sont des moments rares. Chaque jour, les élus et agents des mairies, des départements ont le nez dans le guidon, penchés sur des dossiers compliqués à défendre, sur des projets longs à mettre en œuvre, coûteux ou sujets à querelles politiques. Devant ces invités, je prends une minute pour observer le plaisir généré par cette besogne fastidieuse que nous menons quotidiennement : tout ce travail ne serait donc pas vain ?

Cette plongée dans l'écriture qui a suivi les Jeux a été un détonateur. Pour la première fois, je réalise à quel point la politique peut rendre les gens heureux. Traitez-moi encore une fois de Bisounours, mais c'est ce que nous cherchons tous, n'est-ce pas ? Surtout, je prends conscience de la capacité colossale qu'a l'élu local de faire la différence. Les choix qu'il fait ont un impact direct sur le sentiment de sécurité, d'appartenance, d'émerveillement de ses administrés. Le Parti socialiste, c'est d'abord la gauche qui agit. Aujourd'hui, cette gauche doit énormément à ses collectivités territoriales. Il serait temps que le national lui emprunte ses voies de travail, d'utilité, d'efficacité et de lien.

De ce point de vue, Paris est un modèle de politique de gauche. Le 2 août 2024, je suis en visite dans le quartier de la Porte de la Chapelle avec le maire du 18e arrondissement, Éric Lejoindre. Auparavant c'était un quartier compliqué, sombre, des bagnoles partout. Une « *no-go zone* », avait même décrété la chaîne américaine Fox News. Puis Anne Hidalgo a décidé d'en faire les Champs-Élysées du 18e. Désormais, c'est une énorme artère végétalisée, des arbres, rien que des arbres, et la même dalle de granite au sol que celle de la plus belle avenue du monde. C'est là que seront bientôt posées les dix statues des grandes femmes présentées à la cérémonie d'ouverture des JO. Pendant cette visite, des habitants nous ont dit à quel point vivre dans ce quartier leur faisait se sentir ostracisés jusque-là et quelle fierté ils ressentent aujourd'hui. Une décision politique peut donc influencer la place mentale que se donnaient ces citoyens dans la société. L'architecture d'un quartier populaire peut créer un pont allégorique avec les quartiers plus favorisés. Quelle leçon, n'est-ce pas ? Nous avons eu raison, me suis-je dit en longeant le boulevard Ney, d'avoir eu l'ambition du beau.

Pour sa vie, tout le monde veut la sécurité et la beauté. La convivialité et une justice efficace. L'espoir que l'avenir sera formidable et un hôpital si jamais les choses ne se passent pas comme on les avait prévues. Tout le monde vient en aide, quelles qu'en soient la manière et la fréquence, à une personne plus fragile que soi. Ils sont rares ceux qui veulent vivre en ermites, sans désirer mieux et sans la possibilité du vivre-ensemble. Nous espérons tous une société plus joyeuse. En cela, la gauche est partout.

Une fois adultes, la plupart des citoyens cessent de rêver. J'espère que ce livre aura été une invitation à croire que la vie en société peut apporter une joie sincère. Ne vous méprenez pas, ce n'est pas une politique incantatoire. Pour réaliser ses rêves, il n'y a de magie que le travail. La gauche de nos jours est imparfaite et cabossée, c'est ce que raconte cet ouvrage. Mais elle porte en elle la conviction de pouvoir changer la vie.

Remerciements

Faire le choix d'un engagement politique n'était pas inné pour moi. C'est un investissement sans failles, entier, sincère et très chronophage.

Rien ne serait possible sans un entourage solide et une famille aimante.

Merci à mes parents, Imane et Reda, de m'avoir permis d'être celle que je suis, de ne jamais oublier le partage et la solidarité, de toujours garder en tête l'autre.

Merci à Julien, mon mari, qui a porté la charge mentale pendant tant d'années pour me permettre cette construction politique, premier supporter et conseiller.

Merci (et pardon) à Camille et Elif, d'avoir inspiré tant d'anecdotes et d'accepter (parfois) de partager leur maman avec tant de personnes et de préoccupations.

Merci à mon équipe. Sans eux je ne serais rien. Partager une vision, des ambitions, des défis, des difficultés et des beaux moments de réjouissance. Merci particulier à Anaïs, Tom, Noah, Chanaël, Hugo, Dalila et Grégoire.

Immense merci à Thomas, Martin et Julien pour cette team de rêve ; mais aussi à Epara, Hamidou, Carine, Jean, Alain, Samuel et tant d'autres amis.

Merci et reconnaissance à ceux qui ont su me faire confiance, qui ont voulu porter une nouvelle génération politique en responsabilité et qui, au quotidien, veillent à ce que nous gardions un cap clair, sans oublier d'où nous venons : David Assouline particulièrement, Rémi Féraud, Jean-Marc Germain. Et bien sûr, Anne Hidalgo, merci pour ta confiance, ta vision et ta détermination.

Merci à Lionel Jospin de l'honneur de m'avoir soutenue dans les batailles législatives menées ces dernières années.

Merci à tous les élus du conseil de Paris, notamment ceux de mon groupe qui nous permettent d'agir ensemble ; particulièrement nos maires d'arrondissement et les copains de l'exécutif. Pensées particulières à Danièle Hoffman Rispal.

Merci aux militants de la section du 20e arrondissement particulièrement, mais aussi aux militants de la fédération de Paris. Merci à tous les militants socialistes qui agissent au quotidien sur nos territoires.

Merci à toutes celles et ceux qui gardent foi en l'humanité. On va avoir besoin les uns des autres.

Table

Avant-propos 7

1. La gauche a-t-elle abandonné
les classes populaires ? 15

2. La gauche a-t-elle bradé
les services publics ? 31

3. La gauche fabrique-t-elle
de la dette ? 45

4. La gauche a-t-elle trahi ? 51

5. La gauche a-t-elle délaissé
la laïcité ? 61

6. La gauche est-elle laxiste ? 70

7. La gauche est-elle mal à l'aise
avec le sujet de l'immigration ? 80

8. Radicaux, ennuyeux et utiles : la recette à gauche pour une meilleure justice écologique ? 94

9. La gauche est-elle toujours démocratique ? 106

10. Les gauches sont-elles irréconciliables ? 114

Conclusion 121

Composition et mise en pages
Nord Compo à Villeneuve-d'Ascq

PEFC
10-31-3632
Certifié PEFC
Ce produit est issu de forêts gérées durablement, de sources recyclées et contrôlées
www.pefc-france.org

Imprimé en France sur papiers issus de forêts gérées durablement

Sepec Numérique

1, rue de Prony - ZA des Bruyères

01960 Péronnas

IMPRIM'VERT®

Achevé d'imprimer en mai 2025

Numéro d'impression : N17932250433